ポール・クルーグマン
Paul Krugman
三上義一 訳

# 格差はつくられた

The Conscience of a Liberal

保守派がアメリカを支配し続けるための呆れた戦略

早川書房

# 格差はつくられた

## 保守派がアメリカを支配し続けるための呆れた戦略

THE CONSCIENCE OF A LIBERAL
by
Paul Krugman

Translated by
Yoshikazu Mikami
First published 2008 in Japan by
Hayakawa Publishing, Inc.
This book is published in Japan by
arrangement with
W. W. Norton & Company, Inc.
through Japan Uni Agency, Inc., Tokyo.

# 目　次

本文中の表の出典

表1　Thomas Piketty and Emmanuel Saez, "Income Inequality in the United States, 1913-1998," *Quarterly Journal of Economics* 118, no.1 (Feb. 2003), pp. 1-39. Updated data available at http://elsa.berkeley.edu/~saez/.

表2　Larry Bartels, "What's the Matter with *What's the Matter with Kansas?*" p. 13 (photocopy, Princeton University, 2005).

表3　http://www.library.unt.edu/govinfo/usfed/years.html.

表4　David Card, Thomas Lemieux, and W. Craig Riddell, *Unionization and Wage Inequality: A Comparitive Study of the U.S., the U.K., and Canada* (National Bureau of Economic Research working paper no. 9473, Jan. 2003).

表5　World Health Organization, http://who.int/research/en/.

表6　Centers for Medicare and Medicaid Services, http://www.cms.hhs.gov/NationalHealthExpendData/.

表7　U.S. Bureau of the Census health insurance tables, http://www.census.gov/hhes/www/hlthins/historic/hihistt1.html.

表8　National Center for Education Statistics, *The Condition of Education 2003*, p. 47.

表9　Urban-Brookings Tax Policy Center, http://www.taxpolicycenter.org/taxfacts/tfdb/tftemplate.cfm.

# 第1章　あの時代の追憶

私が生まれたのは一九五三年。この世代に共通しているのは、自分の生まれ育った頃のアメリカ社会こそが当たり前の姿なのだと思い込んでいることだ。実際、同世代の多くの人々のように、私は社会の極端な不正に対して異を唱え、カンボジアの空爆に反対するデモに参加し、選挙ではリベラルな主張を唱える候補のために一軒ずつ家を回って支援を訴えた。

だが、いま思い起こせば、私の若き日の政治経済状況は、アメリカの歴史の中では例外的な一時代であり、「失われた楽園」であったと言っても過言ではないだろう。

戦後のアメリカは、何にもまして中産階級の社会であった。第二次世界大戦の開始とともに始まった賃金の高騰は、私の両親も含めて、何千万というアメリカ人を都市のスラムや地方の貧困から救い、持ち家や、それまでになかった快適な生活を享受することを可能にした。

それに対し富裕層は後退を余儀なくされていた。この層は少数であったし、中産階級と比べてきわめて裕福というわけではなかった。貧困層は富裕層よりも多かったが、それでもまだ相対的には少数であった。だからアメリカ経済には驚くほどの均質性が生まれ、ほとんどのアメリカ人は似たような生活を送り、物質的にも非常に恵まれていたといえる。

経済が平等であったことに加えて、政治も穏健であった。つねにではないとしても、外交や国内政策の多くの分野で民主党と共和党の間に広いコンセンサスが存在していた。

共和党は、ニューディール政策の成果を逆戻りさせるようなことはしなかったし、共和党議員の多くがメディケア（訳注／六五歳以上の老人や身体障害者などに対する医療保険制度）に賛成してさえいた。

それに超党派政治とは、実際に意味のあるものであった。ベトナム戦争と人種問題の混乱や、ニクソン元大統領と彼の手下の邪悪な陰謀にもかかわらず、アメリカの政治は主に、基本的な価値観を共有する超党派によって運営されていた。

歴史を知る者なら、アメリカがつねにそうであったわけではないことはわかっているはずである。かつてアメリカは大きな経済的な不平等と格差、そして敵意に満ちた党派主義に偏りすぎていた。しかし、戦後になると、そんな不平等や党派主義は、アメリカが未成熟であった昔のことで、工業化の初期段階にある国の粗雑な一面であったと理解されるようになった。そしてアメリカが成熟したいま、中産階級が大多数を占め、安定した政治活動が可能な比較的平等な社会こそが、普通の状態なのだと言われるようになった。

ところが一九八〇年代に入るとアメリカは、政治的に中道で中産階級が支配的な国へと成長していくのではないということが徐々に明らかになってきた。エコノミストたちは、不平等と格差が急拡大していることを指摘し始めていた。少数のアメリカ人が急激に裕福になった一方で、ほとんどが経済的にはまったくか、ほんの少ししか向上していなかったのだ。

政治学者は、政治が両極に分裂し始めていると指摘していた。政治家たちは右と左の両極に分かれ、「民主党」と「共和党」をそれぞれ「リベラル」と「保守」の同意語として使えるようになっていた。この傾向は現在も続いている。今日、所得格差は一九二〇年代と同等の高い水準にあり、政治的な分裂はかつてないほど進んでいる。

政治が左右に分裂していったのは、二つの党がそれぞれ両極に向かったからではない。民主党が大きく左に振れたわけではなさそうだ。社会福祉から税制まで、経済面ではビル・クリントン元大統領は、ジミー・カーター元大統領よりも右派的であったどころか、共和党のリチャード・ニクソン元大統領よりもさらに右派的であったといえる。

反面、共和党が右に動いたことは明らかである。ジョージ・W・ブッシュ大統領の強硬な保守主義と、ジェラルド・フォード元大統領の穏健な政策を比較してみればいい。実際、ブッシュ大統領の政策、たとえば遺産税の撤廃などは、アメリカをニューディール時代以前に戻すどころか、一八九〇年代から一九二〇年代にかけての「革新時代」にまで逆戻りさせるものだった。

もう少し長期的な視野で見るなら、アメリカ政治における超党派政治の始まりと終わりは、共和党内の基本的な変化を反映しているといえる。その始まりは、ニューディールに激しく反対していた共和党議員が引退したか、あるいは降参したときだった。一九四八年、民主党のハリー・トルーマンが大統領選に逆転勝利すると、共和党の幹部たちは、ニューディールが国に浸透していることを認めざるを得なかった。そして、自分たちの政治生命をつなぐため、時計の針を一九二〇年代に逆戻りさせるのはやめにした。

超党派政治が終わり、激しい党派主義の時代が到来したのは、共和党が新しい急進的な勢力、「保守派ムーブメント」によって乗っ取られたからであった。党派主義は、ブッシュ大統領が二〇〇四年の大統領選挙で勝利した後、ニューディールの社会制度で最も大切な部分である社会保障制度を解体しようとしたときに頂点に達する。

すなわち現代アメリカは、その歴史において二つの大きな弧を描いてきたといえる。大きな格差からわりに平等な社会へ、そしてまた逆の方向へと戻る経済の弧と、極端な党派主義から超党派政治へ、そしてまたその逆戻りという政治の弧である。

この二つの弧は同時に動いてきた。経済がおおむね平等であった繁栄期は、およそ超党派政治の全盛と重なる。ノーラン・マッカーティ、キース・プール、そしてハワード・ローゼンタールら政治学者が指摘するように、これまで経済格差と党派主義はともに「ダンスする」かのように、同時に進行している。彼らは精度の高い統計技術を用いて、アメリカ連邦議会の議員たちの政治的立場を調査した。そのデータによると、共和党員が左に傾いて民主党に近づくのは所得格差が縮まったときで、それが五〇〜六〇年代の超党派政治に繋がった。その後、共和党は右傾し、所得の不平等が広がるのと同時に、今日の厳しい党派主義が生まれてきたといえる。では、何が経済の不平等と格差、そして政治的党派主義を「ダンス」させるのだろうか。

まず、経済的な不平等と格差がリードをとっている、つまり、比喩を変えるなら、因果関係の矢印が経済から政治へと向いていると考えると、過去三〇年間の出来事はこのように説明できる。

つまりグローバリゼーションや技術革新といった時代の趨勢が、アメリカの所得配分にますます不平等と格差をつくり出し、少数のエリート層だけが抜きん出ていった。台頭しつつあったエリート層に共和党が取り入ることにしたのは、数では劣るエリートたちが巨額の献金をすることでぜひ自らの要求を実現したいと思っていたからであろう。こうして両党の間には溝が生じ、共和党は拡大する不平等と格差の中の勝ち組を代表する党となり、民主党は取り残された人々を代表するようになった。

本書を書き始めたころは、まだ多かれ少なかれこのような説明を私は信じていた。たしかにこの説明には一理ある。たとえば、遺産税の廃止を求める政治運動は莫大な資産を守ろうとしていた一握りの裕福な人々によって資金援助されていた。四〇年前、そのような莫大な資産を所有している者はいなかったし、いくらアメリカの超金持ち《スーパーリッチ》であろうとも、そのような政治運動を支えられるほど裕福ではなかった。このようにして拡大していった不平等と格差が、共和党を右へ引き寄せたと考えられるのである。

しかし、私はこの因果関係は逆なのではないかと考えるようになってきている。党派主義という政治的な変化こそが経済的な不平等と格差の大きな要因なのではないか。ニューディールの成果を逆戻りさせようとする右派の急進派が一九七〇年代を通じて共和党を支配するようになり、党派主義によって民主党との溝を深めてきた。そのため民主党は、これまで長年続いてきた社会制度を擁護しようとする真の保守派となった。

急進的な右派が力を得たことで、ビジネス界は労働運動に対して攻撃を仕掛けることができるようになり、労働者の交渉力は劇的に減退した。経営陣の給与に対する政治的・社会的抑制力は消え失せ、高所得者に対する税金は劇的に軽減され、その他実にさまざまな手段によって不平等と格差は助長されてきたのである。

## 不平等と格差の新経済学

とはいえ、政治環境は本当に、経済的な不平等と格差を生み出した決定的な要因なのだろうか。これは経済学的には暴論に聞こえるかもしれないが、それを示す経済調査は増えつつある。私は、四つの事実を強調したい。

まず第一に、エコノミストたちは拡大する不平等に驚き、アメリカの中産階級の起源を探り始めたのだが、意外なことに一八七〇年代から一九〇〇年までの不平等な「金ぴか時代」から、比較的平等な戦後の時代への移行が段階的なものではなかったことを突き止めた。戦後の中産階級は、ルーズヴェルト政権の政策によってわずか数年の間に「つくられた」ものであった。ことに戦時中の賃金規制が大きく貢献していた。経済史の研究家であるクローディア・ゴールディンとロバート・マーゴが最初にこの驚くべき事実を指摘し、この期間を「大圧縮《グレート・コンプレッション》の時代」と呼んだのである。

戦時規制が解除されれば、不平等と格差が以前の水準に逆戻りするのではないかと思うかもしれないが、ルーズヴェルト政権によってつくられた比較的平等な所得分配は三〇年以上も続いた。以上のことは経済学の入門書の説明とは違い、政治状況や規制や制度のほうが、一般的な市場の力よりもはるかに所得分配に対して影響力があるということを強く示している。

第二に、政治と経済の変化のタイミングを見ると、経済ではなく政治が先行していることがわかる。一九八〇年代までアメリカで経済的な不平等と格差が大幅に拡大するということはなかった。実際、一九八三〜八四年ごろまでは、不平等と格差は拡大しているのかと真剣に議論がされていたほどだ。

だが一九七〇年代半ばには右派が共和党を乗っ取り、その乗っ取りを可能にした「保守派ムーブメント」の組織は七〇年代の初めには誕生していた。これは、政治変化の分極化がまず起こり、その後に経済的な不平等と格差が広がっていったことを強く示しているといえる。

第三に、ほとんどのエコノミストは、技術革新によって教育レベルの高い労働者の需要が増え、より教育レベルの低い労働者の需要が減少したことが、アメリカにおける経済的な不平等と格差を拡大させた最大の原因だと主張するだろう。しかし、データをより厳密に検討してみると、その一般的に信じ込まれてきた説がますます疑わしくなってくる。最も顕著な発見は、教育レベルの高いアメリカ人でさえも、所得が大幅に増えた者はほとんどいなかったという点である。勝ち組となったのは、非常に限られた少数のエリート――人口の一パーセントか、それに満たない数の人たちであったのだ。

いまでは、研究者の間では、技術革新が不平等と格差の最大の要因ではないという説が広まっている。技術革新ではなくて、結局アメリカ政治が右にシフトしたことで、平等を促進してきた規制や制度が損なわれ、そのことが不平等と格差を拡大するうえで決定的な役割を果たしてきたと理解されるようになった。

そして最後に、国際比較がこの議論の対照実験となろう。アメリカ政治における右への極端なシフトは、先進諸国の中では唯一の現象であった。サッチャー主義のイギリスが一番近い例であろうが、それでもアメリカの実情には及ばない。

一方、技術革新とグローバリゼーションは、すべての国々に影響を与えてきた。もし、一般的な市場の勢いがその最大の理由であるなら、先進諸国においても同じような不平等と格差のトレンドが見られたはずである。だが実際には、アメリカのような経済的な不平等と格差の拡大は、その他の先進国では見られなかった。サッチャー政権時代のイギリスでも、所得の不均衡は著しく拡大したが、アメリカほどではなく、日本、そしてヨーロッパ大陸諸国でも格差拡大はごくわずかだった。

ということは、鍵はやはり政治的な変化のほうにあるようだ。では、その政治的変化はどのようにして起こったのだろうか。

## 不平等と格差の政治

いかにジョージ・W・ブッシュとディック・チェイニーがアメリカを支配するようになったのか、その経緯を説明するには半世紀昔に時を戻す必要がある。

若きウィリアム・F・バックリーが編集していたナショナル・レビュー誌が、黒人の投票権を阻止しようとしている南部の権利を擁護して、「白人社会にそのような権利があるのは、今のところ白人のほうが優秀な人種だからである」と書き立て、そして民主的に選出された政府を、教会と祖国の名において倒したスペインのフランコ将軍を、「真の国家的な英雄」と讃えていたあの時代である。

当時、「ニューコンサーバティズム」と呼ばれていた小規模な運動は、主にドワイト・アイゼンハワーや他の共和党のリーダーたちが、ルーズヴェルトのニューディール政策を受け入れたことへの反発から生まれたものであった。

年を経るにつれ、この小さな運動は強力な政治勢力へと成長し、その支持者も反対者も、それを「保守派ムーブメント」と呼んできた。その運動が抱える人的ネットワークや組織は、通常の政治活動の域をはるかに越えるものである。共和党とその政治家たちだけでなく、「保守派ムーブメント」はメディア、シンクタンク、出版社など、他にも多くの組織にまで広がっている。人々はこのネットワーク内でキャリアを積むことができ、事実、キャリアを積んできた人々がいる。彼らはいかなることが起ころうとも、このムーブメントに対し政治的に忠誠でありさえすれば報われると確信している。

リベラル派の人々なら戦争を混乱させ、その後、愛人に便宜を図るために倫理規定に違反したとしたら、次の雇用先がどうなるのか心配するに違いない。だが、ポール・ウォルフォウィッツの場合、アメリカン・エンタープライズ・インスティテュートというシンクタンクでの職が彼に用意されていた（訳注／タカ派のネオコン政治家である同氏は、ブッシュ政権でイラク戦争を強硬に推進、その後、世界銀行総裁に就任するが、愛人の女性職員を厚遇したとして辞任に追い込まれた）。

以前、共和党の政治家の多くは、「保守派ムーブメント」に属していなかったが、そのような政治家はもう数人しか残っていない。というのは、政治的に信頼できないと思われたら、政治活動はきわめて困難になるからである。ロードアイランド州選出の穏健派共和党上院議員、リンカーン・チェイフィーにそのことを聞いてみればいい。彼は二〇〇六年、右派からの嫌がらせを受けたため、総選挙で民主党に負けている。上院では民主党の躍進を受けて、共和党の政治家が必要であることは明らかであったにもかかわらずである。

「保守派ムーブメント」を結びつけているのはカネだ。その資金は、非常に裕福な一握りの個人と、いくつかの大企業が出している。彼らは増大する不平等と格差、累進課税の廃止、福祉社会からの揺り戻しによって利益を得ることができる。要するに、ニューディール政策の逆戻りを狙っているのである。不平等と格差を是正しようとする経済政策の時計の針を逆戻りさせようとすることが、「保守派ムーブメント」の本質だといえる。

そのムーブメントの中心的人物で、税制反対活動家であるグローヴァー・ノーキストは、アメリカを「セオドア・ルーズヴェルトのごとき社会主義者が政権を牛耳る以前、つまり所得税、死亡税（訳注／相続税などを含む死亡によって課せられる税）、規制などができる以前」に戻したいと吐露していた。

つまるところ「保守派ムーブメント」は、非常に限られた裕福なエリート層に都合の悪い政策を変えようとするものであるから、その運動は基本的に非民主主義的だ。しかし、このムーブメントの創始者たちがいかにフランコ将軍のやり方を尊敬していようが、アメリカでは政治権力への道は選挙という手段を経るしかない。

もし政治献金をする人々が、一九六四年の大統領選において共和党の強硬派バリー・ゴールドウォーターが大敗北を喫したときのように、不平等を拡大するような経済政策を擁護しても政治的に実現する見込みがないと考えているならば、あれほど多額な資金が集まることはないはずだ。「保守派ムーブメント」が、周辺的な存在からアメリカ政治の中心的な役割を演じるまでになったのは、選挙に勝利できることを証明してみせたからなのだ。

それを誰よりも証明したのが、ロナルド・レーガン元大統領であった。一九六四年の演説「選択の時」は、彼の名を政治家として知らしめたものであった。また、当選を果たした六六年のカリフォルニア州知事選での演説は、その後のレーガンにとって、またその後の四〇年間、他の「保守派ムーブメント」の政治家たちにとっても有益な政治戦略を予見させるものであった。レーガンを賛美する後年の伝記では、彼を高潔な保守の模範として描いているが、レーガンはそのような人物ではなかった。彼の初期の政治的成功は、人々の文化的、性的な不安に訴え、共産主義の恐怖を煽り、そして何よりも公民権運動とその帰結、つまり黒人解放運動に対する白人の反発を巧みに利用していたのだ。

本書が伝えようとする重要なメッセージは、多くの読者にとって心地よく受け止められるものではないかもしれない。つまり、すべての根源は、アメリカの人種差別問題にあるということである。今でも残る奴隷制度の悪しき遺産、それはアメリカの原罪であり、それこそが国民に対して医療保険制度を提供していない理由である。先進諸国の大政党の中でアメリカだけが福祉制度を逆行させようとしているのは、公民権運動に対する白人の反発があるからなのだ。

ロナルド・レーガンは一九八〇年の大統領選をミシシッピ州、フィラデルフィア郊外での演説で始めているが、その街ではかつて三人の公民権運動家が殺害されている。共和党の政治家で、下院議長だったニュート・ギングリッチが、九五年に民主党の下院多数派独占に終止符を打ち、共和党が下院を支配することができるようになったのは、南部の白人たちが民主党への圧倒的な支持から、共和党への圧倒的な支持へと鞍替えしたからだった。

## 新しいニューディール政策

二〇〇四年の大統領選挙の数カ月後、ジャーナリストの同僚から、ブッシュ政権と保守派勢力を批判するのに時間を費やすのをやめたほうがいいのではないかと圧力を受けたことがあった。「勝ち負けは選挙で決まったではないか」というのである。だが顧みるなら、二〇〇四年の大統領選挙は、「保守派ムーブメント」にとっていわば最後の万歳であった。

共和党は、二〇〇二年の中間選挙でテロ事件を最大限に利用して圧勝した。ブッシュ大統領がイラク戦争を開始した一つの理由は、戦争心理を永続させるためではなかったのかと思われる。また、小規模な戦争での勝利は、彼の再選のために有利に働くと期待したのだろう。実際、イラクでの戦争はすでに悪化していたにもかかわらず、その戦争のおかげでブッシュ大統領は二〇〇四年の選挙に勝利することができたといえる。

しかし、実際のところ、戦争は悪化していたが、それは偶然の事故ではない。ブッシュ大統領がホワイトハウスに移り、「保守派ムーブメント」はついにすべての権力を掌握したのだが、国を治める能力がないことが即座に露呈した。「保守派ムーブメント」はすべてを政治化し、政治的忠誠を何よりも優先するため、腐敗と仲間びいきがはびこる素地となる。それはイラクの再建の失敗から、ハリケーン・カトリーナの被害への杜撰な対応まで、ブッシュ政権が行なうすべてのことに蔓延していた。ブッシュ政権の多種多様な失敗は、あるムーブメントが政府を支配し、大多数のアメリカ人の利益に反した政策を実施した際によく起こる類のものであり、その欠点を補うためには、ごまかしと混乱を利用し、支持者へ気前のいい利益分配をしなくてはならなくなるのだ。だが、ブッシュ大統領とその政権に対する不満は増大し、民主党は二〇〇六年の中間選挙に圧勝している。

ひとつの選挙だけでトレンドをつくることはできない。とはいえ、ロナルド・レーガンのカリフォルニア州知事選出馬以降「保守派ムーブメント」が使ってきた政治的な戦術を弱体化させるような大きな変化が起こりつつある。これはきわめて重要なことだが、単刀直入に言うなら、アメリカの有権者における白人の数が減少しているのである。共和党の戦略家たちは、選挙においてより重要な役割を担うようになったアフリカ系アメリカ人と、ヒスパニックと、アジア系の有権者をそれぞれ区別しようとしているが、移民についての議論が示したように、そのような区別は、いまの共和党が頼りにしている、公民権運動に反発する白人たちの間にはないといえる。

それに対しアメリカ人の態度には着実な進歩が見受けられる。世論調査によれば、一九九〇年代以降、国内問題に関して有権者は相当に左に動いていることがわかっている。また、徐々にアメリカは本当に人種差別的ではなくなりつつあり、この国において人種の重要性は減少しつつある。

「保守派ムーブメント」はまだ資金面において潤沢といえるかもしれない。しかしカネだけでは十分ではない。二〇〇八年の大統領選では何が起こっても不思議ではないが、二〇〇九年には民主党の大統領と、民主党が過半数を占める下院が誕生しているだろうというのは、根拠のない予想とはいえない。そのような政権は、北部のリベラルと保守的な南部の不安定な協調の上に成り立っていたクリントン政権の初めの二年間よりも、イデオロギー的にはまとまりのあるものとなろう。

問題はアメリカの新たなマジョリティーが、どう行動すればいいのかということだ。私の答えは、アメリカのために、不平等と格差を是正し、社会のセイフティー・ネットを拡大するような真にリベラルな政策を推進することである。つまり、新しいニューディール政策ということだ。まず手をつけるべきは、社会保障制度の二一世紀版ともいえる、全アメリカ人が加入する医療保険、すなわち国民皆医療保険制度の導入である。すでにすべての先進諸国ではそのような医療保険は制度化されているが、それをアメリカでも実現するためにどうすればいいかを検討するには、これまでの歩みをよく振り返ってみることが有意義であろう。それは、現代アメリカ史における弧の動きについてであり、続く八章の主題である。

# 第2章　長期の金ぴか時代

ニューディール政策以前のアメリカは、二一世紀初頭のアメリカ同様、富と権力の分配において非常に大きな格差社会であった。形式だけの民主主義的な政治システムは、人口の過半数の経済的要求に答えることはできなかった。また、裕福なエリートが政治を牛耳っていたという構図は、今日の政治状況に類似する点があるだろう。たとえば、ポピュリスト（訳注／労働者や農民や都市中間層などに、所得分配や政治的権利の拡大を唱える政治家）が、経済的には圧倒的に不利な状況で活動することを強いられていたこと、宗教、人種、民族の経済的利害によってアメリカ国民が分断されていたこと、そして恵まれない者たちを支援しようとすることは経済の破綻を招くという、保守派のイデオロギーが無批判に受け入れられていたことなどである。

私はこの両時代の類似点を強調しすぎで、今日のアメリカでは、ニューディール政策以前ほど格差は広がっていないと思われるかもしれない。しかし、データは逆のことを物語っている。表1が示しているように、今日、限られたエリートの手に所得が集中している現象は、一九二〇年代のそれに匹敵するものなのである。

**表1　総所得における最高所得者の占有率（キャピタルゲインを除く）**

| | 最高所得一〇% | 最高所得一% |
|---|---|---|
| 一九二〇年代の平均 | 四三・六% | 一七・三% |
| 二〇〇五年 | 四四・三% | 一七・四% |

これ以上、両時代の類似点について言及する前に、「ニューディール政策以前」という時代にもっと適した名前を付ける必要がある。歴史家たちは、通常アメリカの「金ぴか時代」が、一九〇〇年ごろ「革新時代」への道を開いたと指摘しているが、それは一理ある。というのも、ルーズヴェルト大統領が一九〇一年に大統領に就任するころ、一九〇〇年を境としてアメリカの文化

と政治の雰囲気がかなり変わるからである。
だが、それは所得と富の格差是正や、ほとんどその格差を是正しようとしない政府に影響を与えたわけではなかった。どう考えてみても一九二〇年代は、たしかに一九世紀末よりも裕福になったとはいえ、それまで同様、非常に格差が広がっていて、裕福な少数のエリートの手によって支配されていた。そこで本書では歴史家の不評を買うことを覚悟の上で、一八七〇年代の終わりの、南部連合州が合衆国へ再編入された再建の時代から、一九三〇年代のニューディール政策が登場するまでを「長期の金ぴか時代」と呼ぶ。その時代とは、何にも増して格差が非常に広がり続けた時代であった。

（訳注／通常「金ぴか時代」は、南北戦争終結から一九世紀末ごろまでの約三〇年間をさし、その名はマーク・トウェインの同名小説に由来する。アメリカの資本主義が急速に発展をとげた時期であるが、大富豪の出現に伴い経済格差が広がり、政治は腐敗し、不正と拝金主義が横行、資本家はさらに富を蓄え、下層の人々は貧困に喘いでいた）

## 長引いた「金ぴか時代」の格差

「長期の金ぴか時代」の富と所得分配に関する詳細な統計はほとんどないが、一九〇〇年頃のアメリカが極度の格差社会であったことを裏付ける証拠はたくさんある。それ自体は驚くにあたらないが、驚くべきは一九二〇年代を通じてその格差がほとんど是正されなかったことだ。

これは重要な事実である。ジャズエイジ（訳注／第一次世界大戦後から大恐慌までの自由で退廃的な時代）を通じて極端な格差が続いていたということは、本書の核となる論拠の一つである。つまり、中産階級は経済が成長するにつれて自然発生的に誕生するのではなく、政治によって「つくられなくてはならない」ということだ。二〇世紀初頭の統計データで、私が育ったような比較的平等な社会が自然に誕生するということを示すものはない。そのような社会が生まれるには、ルーズヴェルトとニューディール政策を待たなければならなかった。

この「長期の金ぴか時代」の極端な格差は、今日と同様、労働者の交渉能力の弱さを反映したものでもあった。この時代を通じて、ほとんどの大規模雇用主は、労働者が組織化され、反旗を翻すことを恐れることなく、賃金と労働条件を決めることができた。ストライキはしばしば力で抑えつけられていた。一九二四年、労働組合の組織化は一七パーセント以上に達したが、一九二〇年代の後半になると、それは一一パーセントに下落している。それは今日と同水準である。

ここで一つの疑問が生じる。「長期の金ぴか時代」を通じて巨大な富を蓄積しておきながら、所得分配に大きな格差が見られ、低賃金労働者が溢れ、エリート層は最小限の税金しか払わないといった政治システム下において、なぜ政府では富裕層からもっと多くを取り、経済的に恵まれていない者たちを支援すべきだという要求が強まらなかったのだろうか。

累進課税や福祉国家の考え方がなかったわけでも、他の国で実施されていなかったわけでもない。ドイツでは、一八八〇年代にビスマルクが老齢者のための年金、失業保険、そして医療保険までを導入している。ビスマルクは、弱い者への同情からではなく、政治的な打算からそれらを実施した。彼はドイツの皇帝に反対する勢力を排除したかったのである。しかし、彼はそれを実施することによって、国民に対し思いやりのある政府が、実現可能であることを示した。アメリカでは南北戦争後の退役軍人や遺族に対する恩給が社会保障の先駆であったといえる。アメリカで起こったポピュリズム――農民を中心とする社会改革運動――は、一八九六年、累進課税と不況の際の公共事業による雇用促進を訴えていた。これらはその約四〇年後、ルーズヴェルト大統領がやっと実施に移した政策と質的にそれほど異なるものではなかった。

アメリカはそのような制度を実施することができないほど、貧しい国ではなかった。一九二〇年代のアメリカはヨーロッパ諸国と比較して相当裕福な国であったが、フランス、ドイツ、そしてイギリスはアメリカに比べて数倍規模が大きい公的支援を実施していた。事実、一九二五年のアメリカは、第二次大戦から数年後のイギリスと同程度に裕福な国であった。イギリスは当時、すでに医療保険を含む、福祉国家政策を実施していた。それはアメリカが現在実施している福祉政策よりも充実したものである。

ではなぜアメリカでは、富裕層からより多くを取り、恵まれていない者たちを助けようという動きが起こらなかったのだろうか。

## 富豪階級の政治

共和党は自由な労働者の党として出発したが、一八七〇年代になると富豪と大企業のための政党になっていた。その共和党は、南北戦争から大恐慌の間の一六の大統領選挙のうち一二回も勝利を収めている。共和党はより長期にわたって上院を支配し、三二回開会された連邦議会のうち民主党が過半数を占めたのは五回にすぎなかった。下院のほうが民主党と競合することが多かったが、それでも下院もほぼ共和党の支配下にあった。

共和党と民主党の対立を比較するだけでは、保守派が政治を牛耳っていたこの時代の理解としては十分ではない。民主党の有力な一派であったいわゆるブルボン民主党は、ビジネス擁護派であった北部出身者と、反動的な南部出身者を含み、共和党同様、富裕層の利害を擁護し、政府が貧困層を支援することに反対であった。

保守派の支配が長期化した要因は何であったろうか。なぜ富裕層に重く課税し、貧困者を支援するという向きが一般大衆の支持を得なかったのか。その説明は、今日の政治状況においてもあまりにもおなじみのものであるが、当時はそれが極端な形で現われていた。

まず、アメリカの労働者の多くは事実上、公民権を奪われていたのである。一九一〇年、ほぼ一四パーセントの成人男性は、アメリカの市民権を持っていない移民であり、投票することができなかった。また、南部の黒人たちも、ジム・クロウと呼ばれる黒人差別政策によって公民権を剥奪されていた。移民と黒人の双方を合わせると、人口の四分の一ほどになり、その層は最も貧困であるのだが、政治に参加することがまったく許されていなかったのである。後に言及するが、公民権剥奪は現代のアメリカでも問題になっている。大量の違法移民の流入と、黒人の低い投票率が続いていることが原因である。また、黒人差別政策よりも巧妙だが、組織的に黒人の投票を抑制しようという動きがあり、それは僅差の投票で競り合っている選挙では決定的となる。

次に問題であったのが、選挙資金であり、つねに共和党のほうが大幅に潤沢であった。そして最後に選挙違反が横行していたことだ。これは両党ともやっていたことだ。

結局のところポピュリズムが失敗したのは、政治システムがカネと組織力のある者に傾いていたからだが、事実はそれだけではない。ポピュリズムは、変革によって自分たちの利益を得ることはできたかもしれないが、分断したさまざまな集団を橋渡しできるリーダーシップを欠いていたのである。いわばポピュリズムは、人種と国土の多様なるつぼの中で沈没してしまったのである。

「長期の金ぴか時代」で虐げられていた人々（後にニューディール政策で大きな恩恵を受ける）は、三つの要因で分断されていた。まず最も重要なものは、都市と地方の断絶であった。アメリカは一九世紀末までに工業大国に発展していたが、それでも人口の大多数は、内陸に住んでいた。一八九〇年、アメリカ人の六四パーセントは農村地域に住み、その他の一四パーセントは人口二万五〇〇〇人以下の町に住んでいた。都市生活者の政治的影響力は年々増していたが、一九三〇年まで有権者の大多数は農村と地方のいなか町に集中していた。

とはいえ、進歩派の連合には、都市労働者が必要であった。いなかの地方運動だけでホワイトハウスを手に入れ、政権を奪取することなど到底できないからである。しかし、ポピュリストには地方の小さな町の出身者が多く、都市の同志といかに連帯するべきかをわかっている者は少なかった。

農民と都市労働者が共通の目標を打ち立てることができなかったのは、アメリカで生まれた生粋のアメリカ人と移民との間に文化・社会的な断絶があったからだった。移民が人口に占める割合は、一九一〇年に一四・七パーセントでピークに達し、その大多数が都市部、ことに大都市に集中していた。同年、ニューヨークの人口の四一パーセントが外国生まれだった。そしてこれらの人々は、社会の中核をなしていたアメリカ人にしてみれば、まさに外国人であった。アイルランド移民は、二〇世紀に入っても外国人だと見なされていたが、反面、アメリカの人種のるつぼの一端をなす古くからの構成員だとも見られていた。それに対し一九世紀末、二〇世紀初頭の移民を構成していたイタリア人、ポーランド人、ユダヤ人、そしてその他はアイルランド人と同じようには見られていなかった。これらの移民は、現在メキシコからの移民に対する最も極端な反応に似たものに直面していた。彼らは怖い存在だとして扱われ、そして本当のアメリカ人にはなれないと見られていたのである。

最も深刻だった分断は、貧しい白人と黒人の分裂であった。これは実質的には南部のポピュリストだけの問題であった。一九二〇年代まで南部の外では、黒人は少数派にすぎなかったからだ。南部では、人口の三分の一を占める黒人の圧倒的多数は貧困に喘いでいた農民だった。白人の農民は彼らと多くの経済的利害を共有していたが、肌の色が違う者たちと共に闘うことは可能であったろうか。

長い目で見て、答えはノーである。本書のテーマの一つは、人種的反目がアメリカ政治に与えている影響についてであるが、それはアメリカ政治に深く浸透し、悪影響を及ぼし、往々にして保守派に有利に働いてきた。

つまるところ、「長期の金ぴか時代」は今日のアメリカ同様、さまざまな集団が経済的な利害を共有しながらも、文化・人種的に分断されていたため、極端な格差に対し政治的に挑むことができないでいたのだ。今日と当時の違いは、「長期の金ぴか時代」の分断は、今日よりもはるかに大きいということである。政界のリーダーにしても、自らが置かれた立場から遠くを見渡せる人材が、今日に比べて少なかった。この点を踏まえて、「長期の金ぴか時代」のもう一つの特徴について言及しなければならない。つまり、保守的な反政府イデオロギーの知的支配についてである。

## 保守派の知的支配

今日、リベラル派の人々は、「保守派ムーブメント」が反政府イデオロギーを世間一般の通念にしたことに苦言を呈している。本書でも、後の章でそのような不平に言及するが、「長期の金ぴか時代」の反政府イデオロギーの横暴はもっと強烈で、今日の保守派が喧伝したいような結果をもたらしていた。つまり、税金は経済に対して悪影響をもたらすと単純に思いこまれ、それが正当な意見であると考えられていた時代だったのだ。また、貧困と格差を是正することは非常に無責任なことで、格差を是正しないことは不当だと発言するような者は、ヨーロッパの思想に毒された危険な過激派であると受けとめられていたのである。

ここで無視してならないことは、本当に危険な過激派もかなりの数いたという事実である。ことにロシア革命の後、今日と比べてこの時代にははるかに多くの共産主義者やアナーキストがアメリカにはいた。革命を起こすほど過激派の数は多くはなかったが、それは保守派に改革を排除する口実を与えるのに十分であった。

これはアメリカにとって大きな障害となった。すでに一八八一年、ドイツのビスマルクは現在私たちが福祉国家と呼ぶものの論理を説いていた。それは彼にとって貧困層をなだめる手段であり、カイゼルの支配を強固なものにするためのものであった。ビスマルクのドイツが先頭に立ち、ヨーロッパ諸国はニューディールに似た政策を実施するようになっていた。それはアメリカがそのような政策を検討し始めるかなり前のことである。ことにイギリスは限定的だが老齢保険制度を一九〇八年に、そして医療保険制度を一九一一年に導入している。第一次世界大戦以前に、イギリス、ドイツ、フランスは社会保障制度に一九三〇年代後半のアメリカよりもＧＤＰ比で多くの金額を負担していた。

だが、アメリカでは自由経済が金科玉条だとされ続けてきたのである。

## ニューディール政策のルーツ

このような状況をすべて変えたのは、もちろん、大恐慌であり、そのおかげでニューディールが可能になったのである。格差を是正しようとするわずかな動きは大恐慌の前にすでにあったが、それは連邦政府ではなく州レベルで行なわれたもので、連邦政府がそのような動きを起こすまでに恐慌は何年にも及んでいた。

そしてついに、真にリベラルな制度を創設する政治的な志とリーダーシップの双方がアメリカに誕生する。ルーズヴェルト大統領は、適時における適材であった。彼のリーダーシップの下、アメリカ社会は良い方向に向かって質的に大きく変化したのである。

# 第3章　大圧縮の時代

一九五〇年代のアメリカは、中流階層社会であった。一九二〇年代よりも、そして今日よりもはるかに中流社会であったといえる。当時、社会の不正は、はびこったままであった。南部では学校、ホテル、バスなどに特定の人種が入れない人種差別政策が残り、他にもあからさまな人種差別、そしてあからさまな女性への差別が、アメリカ全土において一般的であった。しかし、一般の労働者やその家族は、これまでになかったような形でアメリカの豊かさを共有していると実感していた。それに対し、富裕層は一世代前よりも金持ちではなくなっていた。

経済歴史家であるクローディア・ゴールディンとロバート・マーゴは、一九二〇年代から五〇年代のアメリカで起こった所得格差の縮小、つまり富裕層と労働者階層の格差、そして労働者間の賃金格差が大きく縮小したことを「大圧縮」（The Great Compression）と呼んでいる。大恐慌（The Great Depression）に引っ掛けたこの呼び方は、適切なものであった。というのは「大圧縮」は大恐慌のように、所得格差の縮小は社会と政治を質的に変化させた、アメリカの歴史の中で決定的な出来事であったからだ。とはいえ、大恐慌はアメリカ人の記憶の中で生きているものの、「大圧縮」はほとんど忘れ去られている。見果てぬ夢だと思われていた中流階層社会の実現が、あたかも当然のことのように思われるようになってしまったのだ。

現在、アメリカは第二の金ぴか時代にあり、戦後の中流社会は急速に消え失せつつある。現代の世間一般の通念では、これは悪い現象であるが、それはどうしようもない力の仕業だと受けとめられている。だが、「大圧縮」はそんな無力感を払拭する事例だといえる。それは、政治改革がより公平な所得分配を実現でき、その過程でより健全な民主主義的な環境をつくることができることを示しているのだ。

このことが一般のアメリカ人に新しい自尊心を植え付けたと指摘することは、ロマンチックな空想ではないはずだ。「長期の金ぴか時代」が、その民主主義のイデオロギーにもかかわらず、実際は揺るぎない階級社会であったことは明らかである。金持ちは自分を労働者よりもましな人間だと思い込み、労働者はボスに対して恐怖と敵意を抱いていた。しかし、戦後のアメリカにおいては、私が思い出をたどり、また人々の言説から知るかぎり、そのような階級意識は消滅していた。戦後のアメリカにも貧困者はいたが、本当の金持ちは少なく、いたとしても社会に大きな影響を及ぼすことはなかった。優れた労働組合はたくさんあり、その庇護下にあった労働者はその安定した職から高度専門職と同じぐらい高い所得を手にしていた。その生活の物質面も似通っていて、ある生活は他と比較して贅沢であったかもしれないが、人々の行動様式にそれほどの差があったわけではなかった。

しかし、どのようにしてそのような民主的な社会は生まれたのだろうか。

### 金持ちはどうしてしまったのか

サイモン・クズネッツは、ロシアからアメリカに移民し、一九七一年にノーベル経済学賞を受賞した経済学者で、現代の統計学の生みの親だと言ってもいいだろう。一九三〇年代、彼はGDPなどの統計を含むアメリカの国民所得勘定をつくり、国の所得を捉えることを可能にした。一九五〇年代になると、国民所得全体からその分配に関心を移した。そしてデータが不足していたにもかかわらず、戦後のアメリカにおける所得分配は大恐慌以前よりもはるかに平等であることを示した。だが、この変化は政治によるものなのか、それとも市場の力によるものなのだろうか。

一般的にエコノミストは、経済の見えざる手の重要性を信奉しており、政府が経済動向に与えうる影響力に対し懐疑的なので、所得分配に大きな変化があるときでさえも、原因を市場の力に求めがちである。そしてクズネッツの名は、（やや不公平だが）しばしば市場の力に起因する格差のサイクルと結びつけられてきた。その周期的変動は、「クズネッツ循環」として知られている。

この「クズネッツ循環」は、このように変動する。その論理によると、発展の初期段階では、カネのある者の投資機会は増大するが、地方から都市に流入する労働者の賃金は低く抑えられる。その結果、国が工業化するにつれ、格差が開く。裕福な少数の実業家が誕生するが、一般の労働者は貧困に喘ぐ。換言するなら、この時期において格差が広がるのは、アメリカの「長期の金ぴか時代」のように、発展の当然の結果だといえるのである。

だが、次第に資金はより潤沢になり、地方からの労働者の流入も細り、賃金は上昇し、利益は横ばいか下降線を描くようになる。国の繁栄は広く浸透するようになり、経済の中流化は広範に行きわたる。

一九八〇年代までアメリカのエコノミストのほとんどは（この問題を一回でも考えたことがあ

るなら）、以上のような発展が一九、二〇世紀のアメリカがたどってきたサイクルだと考えてきた。彼らによると「長期の金ぴか時代」は、アメリカが通過しなければならない過程であったのだ。そしてその後に登場した中流社会は、経済の必然的な、そして幸せな発展段階の結果であると信じられてきた。

ところが、これで終わりというわけではなかった。一九八〇年代半ばになると、縮まったはずの格差がまた広がり始めた。エコノミストの多くは、これも高い技能を持つ労働者に高給を払わなければならなくなった技術革新といった容赦ない市場の力による結果だと考えていた。だが、格差が再度広がっていることを懸念し、前世代の経済状況を再検討してみると、これまでとは違う点が見えてくる。詳細に検討すればするほど、それは一般的な市場の力によるゆるやかな変化ではなく、それは突然の変化、それも政治権力のバランスの変化によってもたらされたものであることがわかるのだ。

その変化がいかに急激であったか、そして政治的要因がいかに重要であったか最も顕著に現われているのは富裕層、つまり所得分配においてトップ一パーセントに入る人々の所得推移を検討すればわかるであろう。

アメリカでは、富裕層の歴史的な所得推移を他の国民よりも正確に把握することができる。富裕層は所得税をずっと納めてきていて、そのことによって連邦政府に自らの経済状態を報告してきた。それも一九一三年からそうしているのである。その納税データが示しているのは、一九三〇年代半ばか、それ以降まで格差を是正する動きはなかったということである。ルーズヴェルト大統領が、国民の三分の一は依然貧困に喘いでいる、と一九三七年に二度目の大統領就任式で演説した際、第一次大戦以前よりも富裕層の力が衰えていたことを示す証拠はほとんどなかった。しかし、それからわずか一〇年後には富裕層の地位は明らかに下がっている。最高所得の急激な下落は、一九五〇年代に記録されているので、それはすでに一九四六年、または四七年に起こっていたのである。経済的エリートの地位下落は徐々にではなく、かなり急に起こったといえる。

富裕層の富の急激な減退は、だいたいの場合ひとつのことで説明できる。つまり、税金である。一九二〇年代、富裕層にとって税金は重大なことではなかった。最高所得税率はたったの二四パーセント、また最も広大な不動産に対する相続税もたった二〇パーセントと、金持ちの名家は資産を守るのにそれほど苦労しなかった。とはいえ、ニューディール政策が開始されると、富裕層は二〇年代よりも高いどころか、今日の水準と比較しても高い税金を払う羽目になったのである。最高所得税率（現在たった三五パーセント）は、ルーズヴェルト大統領時代六三パーセントに上がり、そして彼の第二期においては七九パーセントにまで上昇している。一九五〇年代の半ばになると、アメリカは冷戦に直面し、その戦費が必要となり、最高所得税率は九一パーセントにまで跳ね上がっている。

それに加え、法人税も上がっている。企業収益に対する連邦税は、一九二九年には平均一四パーセントだったのが、五五年には四五パーセント以上にまで上昇した。

そしてもうひとつ。富裕層はその資産を相続させることがますます困難となっていったのである。最高不動産税は、二〇から四五パーセントに上がり、そして六〇、七〇、ついには七七パーセントにまで上昇している。その結果もあって、富の集中がかなり弱まった。一九二九年、最も裕福だったアメリカ人の〇・一パーセントが、国の富の二〇パーセント以上を所有していたが、一九五〇年代半ばになると、それは一〇パーセントにまで落ちている。

つまり、金持ちはどうなったかというと、基本的にはニューディール政策が、その資産の多く、たぶんそのほとんどを税金で持って行ってしまったのである。ルーズヴェルト大統領が、彼の階層の人々から裏切り者だと見られていたのも不思議ではない。

労働者と組合

富裕層は「大圧縮」の最大の犠牲者だったが、ブルーカラー労働者、それも工業に従事していた労働者が最大の受益者であった。四〇年代半ばから七〇年代半ばまでの「大圧縮」の三〇年間は、ブルーカラー労働者にとっての黄金時代であったといえる。

実際、一九五〇年代の終わりごろになると、高卒のアメリカ人男性は、インフレ調整後、今日の高卒者と同じ程度稼いでいた。彼らの相対的なステータスは、もちろん、今日よりも高かった。特にいい職についていたブルーカラー労働者は、大学出の専門職と同等か、ないしはそれ以上の給与を得ていた。

なぜ、それほどブルーカラー労働者にとっていい時代だったのか。それはある程度、世界経済に助けられていた面もある。アメリカの製造業会社は、海外からの競争にあまりさらされなかったため高い給与を払うことができたのである。また、一九二四年の移民法によって移民が厳しく制限されていたため、労働力は不足していた。

しかし、ブルーカラー労働者にとって二〇年代よりも五〇年代のほうがはるかに待遇が良かった理由をひとつ上げるとするなら、それは組合の隆盛である。

二〇年代の終わり、アメリカの組合運動は後退していた。大規模な組織化が失敗していたのは、経営者がストライキを中止させるのに成功し、政府がつねに経営者側についていたからである。

政府は組合の活動家を逮捕し、よくあったことだが、活動家が海外生まれであった場合、国外に追放していた。組合員は第一次世界大戦中増加したが、その後は急激に減少した。一九三〇年までに、非農業労働者の約一〇パーセントを少し上回る程度しか組織化されていなかった。それは今日、民間で働く労働者の組織化とほぼ同程度である。そして組合員は恐慌の最初の数年も減少し続け、一九三三年にその底に達している。

しかし、ニューディール政策の下では、組合員の数、そしてその影響力は増大した。一九三三年から三八年の間、組合員は三倍に増大し、四七年までには二倍に増えた。第二次世界大戦後、非農業労働者の三分の一以上は組合員で、その他の労働者の賃金も、組合員の賃金に相当する額が支払われていた。

なぜ、組合員は増えたのだろうか。これは経済学者や歴史学者の間で真剣に議論されている事柄である。

組合員が増加した最大の原因として挙げられるのは、ニューディール政策である。この政策が実施されるまでは、連邦政府は雇用主の頼れる味方で、組合の活動家を弾圧し、組合を潰してきた。だが、ルーズヴェルト大統領の下、政府は労働者の団結権の擁護者となったのである。

とはいえ、組合の組織化だけでは、格差を是正することには不十分である。完全なる変革には、第二次世界大戦という特殊な状況が必要であった。

## 戦時下の賃金統制

平時において、アメリカのような市場経済の国は賃金体系に何らかの影響を与えることはできるとしても、それを直接決定することはできない。とはいえ、一九四〇年代のおよそ四年間、戦時下の特殊事情によりアメリカ経済の一端は、多かれ少なかれ政府の指導下にあった。政府はその影響力を行使して、所得格差を大きく是正しようとしたのである。

その政策のひとつが、全米戦争労働委員会（ＮＷＬＢ）の設立である。同委員会は第一次大戦後に一旦解散したが、ルーズヴェルト大統領はそれを真珠湾攻撃の一カ月以内に復活させ、以前よりも強い権限を与えた。当時、戦争のためインフレ圧力が増していたため、政府は多くの主要商品に対し価格統制を実施した。これらの統制は、戦争特需による労働力不足が賃金の大幅上昇を招いた場合実施できないため、多くの主要国家産業の賃金は連邦政府の統制下に置かれることとなった。それらの賃金の上昇は、すべて同委員会によって承認されなければならず、政府は労働争議の仲裁をするだけでなく、実際民間セクターの賃金も左右するに至った。

驚くなかれ、同委員会はルーズヴェルト政権の政策に従い、高い賃金ではなく低賃金労働者の賃金を上げる傾向が強かった。平均賃金を上げるべきだとするルーズヴェルト大統領の指示により、雇用主は事前の許可なしに一時間当たり四〇セント（今日の一時間当たり約五ドルに相当する）に賃金を上げることが許された。または地方の同委員会オフィスの許可を得て、一時間当たり五〇セントに上げることができた。それに対し、それ以上の賃上げは、ワシントンによって許可されなければならなかったので、このシステムはもともと高い賃金の労働者よりも低賃金労働者の賃金を上げる傾向があった。また、同委員会は職業別の賃金幅をつくり、雇用主はそれに従い賃金をその幅の最低線にまで引き上げることが許されていた。このことも高い賃金を得ている者にではなく、低賃金労働者に有利に働いた。そして同委員会は、工場内における賃金格差をなくす賃上げも許可していたため、賃金の底上げにも寄与した。

経済歴史家であるゴールディンとマーゴが指摘するように、同委員会が「用いた賃上げのための基準は、産業間、そして産業内の賃金格差を縮小させた」のである。つまり、政府は多くの労働者の賃金を多かれ少なかれ直接的に決定できた短い期間を利用して、アメリカをより平等な社会にしたのである。

そして驚くべきことに、そのような変化は定着したのである。

格差是正と戦後の急成長

もし今日、民主党が再度「大圧縮」政策の実施を議会で唱えたとしたら、どうなるだろうか。つまり、富裕層に対する増税、組合の権限拡大への支持、賃金格差を大きく是正するための賃金統制期間の実施などである。そのような政策の影響について、世間一般の通念はどう反応するだろうか。

第一に少なくとも、長期的に見てこれらの政策が格差是正に効果があるのかという懐疑的な見方が出てくるはずだ。一般的な経済理論によると、需用と供給の法則に反する試みは通常、失敗するという。政府が戦時下のような権限を用いてより平等な賃金体系の実施を命じても、賃金統制が終わりしだい以前のような格差に逆戻りするだろうという。

第二に、そのような過激な格差是正策は、労働意欲を減退させ経済を駄目にしかねないと、極右派からだけでなく、広く一般からも反対されるだろう。高い法人税は企業投資を大幅に減少させる。個人の所得に対する高い所得税は、企業家精神と個人の労働意欲を減退させる。強い労働組合は、度を越した賃上げを要求し、失業を増大させ、生産性の向上を阻害する。要するに「大圧縮」時代に起こったアメリカの政策変化は、多くの西ヨーロッパ諸国の低い雇用と、（それよりも程度は低いだろうが）低い成長率の原因となっている「ヨーロッパ病」として広く批判されている政策よりもさらに極端なものではないかということだ。

これらの悲観的な意見は、今日「大圧縮」政策を再度実施したなら、現実のものとなるかもしれない。だが、実際のところ、そのような収入の劇的な格差是正政策が引き起こすかもしれない悪しき結果は、第二次大戦後まったく見られなかったのが事実である。その逆で、「大圧縮」政策は、三〇年以上の長期にわたって収入の格差を縮小するのに成功している。そして格差が縮小した時代は、アメリカがそれ以降繰り返すことができていない、歴史に前例のないほどの繁栄の時代でもあった。

「大圧縮」後、いかに経済が好況であったかを知るために、戦後のアメリカ経済史を三つの時代に分けてみる――一九四七年から七三年までの戦後の急成長の時代、七三年から八〇年までの石油ショックとスタグフレーションがアメリカ経済に大打撃を与えた混乱の時代、そして八〇年から現在まで、格差は広がりつつあるが、ゆるやかな成長の時代（なぜ、一九四七年から始めるのか。理由は二つある。そのころ「大圧縮」が達成され、その年から好況のデータのほとんどが始まるからである）。

戦後の急成長期において、典型的な世帯の実質収入は、現在の価値にして二万二〇〇〇ドルから四万四〇〇〇ドルへと、ほぼ倍に跳ね上がっている。これは年率二・七パーセントの成長率である。そしてすべての層の収入も同率で上昇したため、「大圧縮」で達成された比較的平等な収入分配はそのまま維持された。

石油ショックのあった混乱の時期、一時的に世帯当たりの収入（中央値）の成長は停滞している。インフレが収まると、景気は再び拡大し始めるが、いくら好況であっても典型的な世帯にとって戦後の急成長に匹敵するものではなかった。一九八〇年以降、世帯当たりの収入（中央値）は、年率〇・七パーセントしか上昇していない。八二年から八九年のレーガン時代の「アメリカの朝」の景気拡大、そして九三年から二〇〇〇年までのクリントン時代の急成長など、経済が好景気に沸いていたときでさえ、「大圧縮」後一世代も続いた世帯収入の伸びと比較すると、ゆるやかなものでしかなかったのである。

いつもながら、これらは実際国民の生活に何が起こったのかを示すただの数字でしかない。とはいえ、戦後世代はアメリカ人のほとんどの生活水準が急激に上昇した時代であり、普通のアメリカ人が親の世代では想像もできなかった富を享受した時代であると感じていたということには疑問の余地もないはずだ。そして今日、アメリカ人が経済について感じていることについてもそうであろう。つまり、ここ数十年と比べて生活が向上している面もあれば、はるかに悪くなっている面もあり、アメリカ人は以前よりも景気の行方に対して用心深くなっているということである。

いずれにしろ、ここでは一九三〇年代と四〇年代のリベラル派が、収入格差縮小に素晴らしい業績を上げたと指摘しておきたい。そしてそれは経済全体に非常に大きな好影響をもたらした。その成果の背後にいた人々は、リーダーシップの違いがいかなる成果を生むかという教訓を今日のリベラル派に与えている。

それらの人々はいったい誰だったのだろうか。なぜ、そのような大きな変化をもたらすことができる地位にいたのか、そしてなぜそれらの変化を定着させることができたのだろうか。

# 第４章　福祉国家の政治

## 選挙権が与えられた国

「長期の金ぴか時代」で、アメリカの労働者の政治活動が直面した大きな障害とは単純なものであった。すなわち多くの労働者が法律上ないしは実際の問題として投票できなかったことである。ことに低賃金労働者はそうであった。

選挙権が与えられていなかった最大のグループは、南部州のアフリカ系アメリカ人たちである。このグループは「大圧縮」後も三〇年間も投票権がなく、今日に及んでもいまだ一部では選挙権が認められないままである。

「大圧縮」時代、選挙権が与えられていなかったもうひとつのグループが存在した。それはアメリカに帰化していない移民たちであった。一九二〇年、アメリカの成人の二〇パーセントは海外生まれで、その半数はアメリカ市民ではなかった。つまり、アメリカに居住している成人のうち、投票権を持った市民は約九〇パーセントしかいなかったということである。そして選挙権を賦与されていない南部のアフリカ系アメリカ人を含めると、一九二〇年、アメリカに居住する成人のおよそ八〇パーセントにしか事実上選挙権がなかった。選挙権がなかった者たちは相対的に平均よりも貧しく、今日、比較的に貧しい有権者は一般的に民主党と、特に手厚い福祉国家を支持する傾向がある。これは一九二〇年代でも同様であったはずであるため、選挙権の不平等は政治分布図の左側を削り、成人居住者全員に選挙権がある場合よりも、政治を右寄りに追いやっていたといえる。

だが、一九二四年に厳しい移民規制が施行されてからというもの、選挙権がない成人の割合は徐々に減少していった。一九四〇年になると、移民は成人人口の一三パーセントに減り、その移民の六〇パーセント以上がアメリカの市民権を得たため、一九四〇年までにはアメリカの全成人の九五パーセントがアメリカ市民となった。それが五〇年になると、移民の割合は一〇パーセントまで落ち、その中の四分の三は市民権を得、アメリカの成人居住者で市民権のない者の割合は、わずか三パーセント程度にまで落ちている。

すなわち一九二四年から五〇年代にかけて、アメリカから市民権のない移民は基本的に姿を消したのである。その結果、アメリカの大多数の白人ブルーカラー労働者は選挙権を持つに至った。それに加え、五〇年代になると、比較的に貧しい白人は二〇年代よりも投票権を行使する傾向が強くなっている。それは労働組合員であったり、または組合に友人や家族の一員が入っていたりして、政治意識が高まったためである。その結果、広い意味での福祉国家を支持する傾向が強い有権者が、一九二〇年よりも、そして今日の有権者よりも、増えることとなった。

## 南部州の特殊な役割

南部州は、今でも他のアメリカとは多くの意味で異なるが、一九五〇年代にはまったく別の国のようであった――人種隔離政策と差別はあからさまで、黒人の低い社会的地位は法律や公的政策によって明記され、暴力によって押しつけられていた。黒人に対する人種隔離教育の廃止を命じた「ブラウン対教育委員会」という最高裁の判決が下されたのは、一九五四年になってからである。アラバマ州の州都モントゴメリーで、ローザ・パークスという名の黒人女性が黒人指定の座席でなく、白人に指定されていたバスの前の座席に座り続けたのは一九五五年のことであり、最高裁判所が公共の交通機関における人種隔離政策の廃止を命じたのは、五六年末になってからのことである。黒人の投票権はさらに時間がかかった。投票権法が法律として制定されたのは一九六四年であり、その年、三人の公民権運動家がミシシッピ州のフィラデルフィアで殺害されている。後にロナルド・レーガン大統領候補は、一九八〇年の大統領選挙をこの街から開始している。それも彼の演説内容は、州の権利についてであった（訳注／南部の人種隔離教育問題で州と連邦政府が対立することがあったが、州は人種による学区域の分離を支持、最高裁判所や連邦政府はその廃止を訴えていた）。

暴力的な人種差別政治のため、また全体的な後進性も伴って、南部州は多くの意味で非常に保守的な地域であった。それは今日以上に激しいものであったが、南部州は長い期間、ニューディールを推進してきた重要な一派でもあった。

なぜ、南部州は民主党を支持したのだろうか。南部州の白人たちには一九五〇年代、民主党を「支持できる」明白で醜い理由があったからだ。民主党は経済的な格差をなくそうとする党であったものの、暗黙のうちにジム・クロウと呼ばれる黒人差別政策を受け入れていた。民主党が経済だけでなく人種的な平等をも唱える党になってから、共和党はそれに対抗するようになったという経緯がある。当初、共和党は奴隷制度に反対していたが、後に富裕層を擁護する党となっている。

とはいえ、事実は、南部州は他の州よりも貧しく、それはニューディールによって他州よりも多くの補助金を得ることができることを意味していた。いまでも南部州は他州の平均よりも貧しいが、一九五〇年代の南部州はひどく貧しかった。一九五九年末に至っても、ミシシッピ州の一人当たりの年収は一〇〇〇ドル（今日の価値で約五〇〇〇ドル）以下であった。それはニュージャージー、ニューヨーク、コネティカットといった裕福な州の平均生活水準の四〇パーセントに届く程度でしかなかった。南部州は、他のアメリカが都市化してからも長らく地方の農業地帯であった。一九五〇年になると、他州では農村と都市居住者は一対三の比率であったが、南部州は都市より農村のほうがまだ多かった。

すなわち、南部州の人種対立は、地方の反動的な政治と結びついていたが、貧困のために福祉国家から得るものが非常に多く、国家政策レベルでは北部州のリベラル派を支持したということである。だが、それはある程度までのことである。南部州の白人が支持できる政策にははっきりとした限界があった。それはトルーマン大統領がニューディールを完成させようとした際に明らかになった。大統領はアメリカの制度を西ヨーロッパ諸国やカナダに比肩する充実した福祉国家へと発展させようとしたのである。つまり、国民健康保険を実施しようとしたのだ。

一九四六年に提案されたトルーマン大統領の国民健康保険制度が創設されていたなら、それは今日のカナダの制度に匹敵する単一支払制度となっていたはずである。当初、それを議会に通すことは可能に思え、事実、今日よりも一九四〇年代に国民健康保険制度を創設するほうが簡単であったろう。一九四六年、医療保険費の総額は、GDPのたった四・一パーセントだったが、今日、それはGDPの一六パーセント以上に跳ね上がっている。また、四〇年代、民間の医療保険はまだ比較的未成熟な業界であったため、現在ほど利益団体として力を持ってはいなかった。医薬品業界が強力なロビー活動を展開するのは、一九八〇年代になってからである。一九四六年当時、世論は政府による健康保険を強く支持していた。

トルーマン大統領の計画は頓挫した。その責任は、大統領の計画に反対するために五〇〇〇万ドルを使ったアメリカ医師会（AMA）によるところが大きい。その額は今日の経済規模に換算すると、約二億ドル相当である。医師会は国民健康保険の創設を阻止しようと、ホームドクターを動員して患者たちを説得させるなど、医師と患者の関係を露骨に悪用した。トルーマン案を支持した医師たちは医師会から追放され、病院での権限すら取り上げられそうになった。医師会は医師たちに「公営医療制度」の諸悪について患者たちに説明すべき事柄を強要したが、その内容は今日読んでもショッキングである。

だが、医師会だけがトルーマンの計画を潰したわけではない。南部州の民主党員からも国民健康保険に対し猛烈な反対があった。多くの人々が適切な医療保険を負担できずにいた貧しい南部州にとって、国民健康保険は経済的な棚ぼたであったはずなのだが、南部州の政治家たちは、それは病院での人種隔離をなくすものだと思い込んだのである（彼らはたぶん正しかったろう。メディケアは老齢者のためのもので一九六六年に実施されているが、それはトルーマン大統領が創設しようとしていたものと多くの点で似ていて、その実施の結果、アメリカ中の病院における人種差別廃止に繋がった）。つまり、南部州の政治家たちにとっては、貧しい白人に医療を提供するよりも、黒人を白人の病院に入れさせたくないことのほうが重要であったのである。

## 格差是正時代の政党

近年の選挙では、党派的な投票行動は有権者の収入と非常に深く関連している。有権者の収入が多ければ多いほど、その有権者は共和党に投票する傾向が強い。これは有権者が、共和党への票は貧困や労働者階級ではなく、富裕層にとって有利な政策に投票しているのだと考えていることの反映であろう。しかし、五〇年代の共和党の比較的「脱イデオロギー的」な性格は、議会における行動様式に表われていただけでなく、一般有権者の認識にも反映されていた。表2は、収入レベルによって区分けした白人有権者の大統領選における投票行動を比較したものである。一方が一九五二年から七二年、他方が七六年から二〇〇四年である。近年においては、高い収入レベルと共和党への投票は強い関連があるが、両党とも福祉国家を受け入れ、そのことに超党派的な合意があった五二年から七二年、収入レベルと投票行動にはほとんど関連はなかった。収入レベルで大きな投票行動の違いがあったのは、一九六四年の大統領選でバリー・ゴールドウォーターが共和党の候補者指名を得たときであった。彼は真の「保守派ムーブメント」の一員であり、そしてその後に訪れるであろうことの前触れでもあった。他の調査においても、五〇年代、六〇年代を通して、有権者の収入と投票行動にはわずかしか関連は見られなかった。上位三分の一が他よりもやや共和党寄りという程度であったぐらいである。

**表2　収入別、白人有権者の大統領選における民主党への投票率（パーセント）**

| | 一九五二年から七二年 | 七六年から二〇〇四年 |
|---|---|---|
| 最も貧しい三分の一 | 四六 | 五一 |

| | | |
|---|---|---|
| 中間の三分の一 | 四七 | 四四 |
| 最も裕福な三分の一 | 四二 | 三七 |

もし五〇年代、六〇年代の共和党が、経済的な保守主義を訴えていなかったとしたら、ではこの党はいったい何を代表していたのだろうか。別の角度から質問することもできるだろう。つまり、共和党に投票していた有権者は、何に投票していると思ったのだろうか。

有権者はある程度まで、伝統的な人種階層に沿って投票していたといえよう。五〇年代の共和党は、何にもましてＷＡＳＰ（アングロサクソン系プロテスタントの白人）の党であった。つまり、南部州ではない、アングロサクソンでプロテスタントの党であった。そしてアングロサクソンであるということは、いわば任意の事柄であった（アイゼンハワー大統領はドイツ系だったが、それは関係がなかった）。一九五〇年代、ＷＡＳＰは有権者の三〇パーセントしか占めていなかったが、自らを共和党員だと思った者たちの五一パーセントはＷＡＳＰであった。その歴史のほとんどを通して、アメリカでは白人プロテスタントが支配的な人種であったが、ニューディールによってその支配は崩れつつあった。ニューディールの基礎をつくっていたのはカトリックの組合員が多く、またユダヤ系のインテリ層も大きな役割を演じていた。そしてそのような変化に対してアメリカ人の多くは懐疑的であった。現在、その意識を再現することは容易ではないが、一九六〇年の選挙に及んでもケネディに反対票を投じたアメリカ人の多くは、単に彼がカトリックであったからそうしたのである。

いずれにしろ、要するに四八年から七〇年代のある時点まで、民主党も共和党も「大圧縮」時代に起こった変化を受け入れていたといえる。ニューディールが、超党派のコンセンサスをかなり築いたといえるだろう。最高所得者の富を制限した重い累進課税に対し、富裕層は政治的にあまりに弱過ぎて抵抗できなかった。社会保障制度と失業保険、そして後のメディケアは、アメリカの制度として定着し、強力な労働組合はアメリカ政治の一部として受け入れられていた。

このバランスは一九七〇年代に崩れるのだが、それを破壊する勢力は六〇年代に現われ始めていた。六〇年代とは、経済のすべてがうまくいった時代であったが、アメリカの民主主義にとってはすべてがうまくいかなかったように見えた時代でもあったのだ。

# 第5章　六〇年代　騒然の中の繁栄

六〇年代は経済的に見て、これ以上いい時代はなかったといえるほど好景気に恵まれた時代であった。あの時代の混乱と激動は、そのようなアメリカの好景気を背景として起こったのであった。

経済は国民全員に仕事を与えることができるかのように見えた。仕事があり余るほどあっただけでなく、その賃金もこれまで以上に高く、毎年上昇していた。低賃金労働者にとってもこれほどいい時代はなかったろう。一九六六年の最低賃金は、一時間当たり一ドル二五セントであり、今日の価値だと八ドル以上に相当し、最低賃金の五ドル一五セントよりもはるかに高い。同年、三〇歳台の典型的な男性は、今日と同額を稼いでいた。急成長が終わる七〇年代の初めごろになると、男性は今日よりも約一四パーセントも「多く」稼いでいたのだ。

経済的安定もアメリカ史で前例のないほど充実していた。六六年までに国民の八〇パーセントが医療保険に加入し、第二次大戦後からすると三〇パーセントもその数は増えていた。そして七〇年までに医療保険に加入している者は、人口の八五パーセントという今日の数字を超えている。失業率は低かったが、職をなくした者は今日の労働者よりも失業保険を受け取ることが容易であったろうし、その支払い額も当時の賃金に対する割合のほうが現在よりも多いはずである。

ところが、六六年八月にAP通信とイプソス社が行なった世論調査では、「一般的に、この国は正しい方向に向かっているか、それとも間違った方向に向かっているか」という質問に、「正しい方向」と答えたのはたった二六パーセントで、七一パーセントが「間違った方向」と答えた。

その答えは不思議ではなかった。多くのアメリカ人、もしかするとそのほとんどにとって、物質的な満足感よりもアメリカ社会が崩壊しつつあるという感覚のほうが勝っていたのである。犯罪は増大し、街は暴動で破壊され、若者は髪を伸ばし、麻薬をやり、結婚もしないでセックスをし、そしてベトナム戦争を糾弾するデモ隊が街を埋め尽くしていた。

六六年、有権者の懸念が票に表われ、共和党が議会で過半数を勝ち取った。カリフォルニアでは役者から政治家に転身したロナルド・レーガンが州知事に当選している。彼は福祉のだまし取り、都市での暴動、長髪の大学生、そして人種などにもとづく差別的な取り扱いを禁じる「公平住宅法」に反対することで当選を果たした。

六六年当時の共和党は、今日よりもはるかに穏健な政党であった。「保守派ムーブメント」は存在し、六四年にバリー・ゴールドウォーターを共和党の大統領候補に選出することに成功しているが、まだ党の実権を握ってはいなかった。ロナルド・レーガンはまだ熱心に減税を唱えてはいなかったし、実際、リチャード・ニクソンはあらゆる意味でリベラルな政治運営を行なっていた。

とはいえ、「保守派ムーブメント」の来たる支配の種は六〇年代にまかれていた。より正確に言うなら、リンドン・ジョンソンが地滑り的勝利でバリー・ゴールドウォーターを下し、大統領に就任した六四年と、リチャード・ニクソンがさらに大きな地滑り的勝利で民主党大統領候補のジョージ・マクガヴァンを負かし、大統領に就任した七二年の間である。

それはベトナム戦争の拡大と大量の死傷者を出した時期であり、戦争と平和という問いにアメリカが引き裂かれた時代であった。指摘するまでもなく、ベトナムこそがあの時代の争点であったが、ベトナムがアメリカ政治に与えた影響は、一般的に言われているよりも大きくなかった。世間一般の通説によると、ベトナム問題が民主党に大きな打撃を与え、そのために民主党は安全保障問題でつねに劣勢に立たされることになったという。しかし、それは誇張であり、ベトナム戦争は民主党の議会支配を揺るがすことはなかった。

六〇年代に実際何が起こったかというと、共和党が六〇年代の新しい文化に対し国民が抱いていた敵意や恐怖を利用して、いかに選挙を勝つかということを学んだのである。何にも増して、共和党は黒人解放運動や公民権運動に対する白人の反発を利用することを学んだ。そのことによって「保守派ムーブメント」はついに政権を奪取し、議会を支配することができるようになったのである。

この点については、まずは長期的に見て最も重要である出来事から始めよう。それはつまりジョンソン大統領による黒人の公民権を擁護する決定であった。

## 公民権と南部州の背信

ジョンソン大統領によるアフリカ系アメリカ人の公民権剥奪を終わらせるという決定は、民主党内で二〇年以上続いてきた議論の結果であった。それはトルーマン大統領が公民権に関する委員会を設置した一九四七年に始まり、大統領は黒人を差別から守る法律を提言するように指示した。政治におけるほとんどの善意がそうであるように、トルーマン大統領の指示にはある計算が含まれていた。大統領は、北部の都市で黒人票を獲得できれば四八年の選挙に勝利できると考えていたのである。そして事実そうなった。

政治的な打算は別として、ニューディールを創設した政党が、いずれ公民権を推進する党になるのは必然的なことであった。ニューディールはポピュリストの運動であり、一九世紀のポピュリスト運動同様、黒人を支援しようとした。黒人たちこそが所得のより平等な分配で得るところが最も大きかった。後に、第二次世界大戦が激化すると、黒人はアメリカのために戦い、また、ドイツのナチズムの残虐さが周知の事実となると、あからさまな人種差別は許されなくなった。四八年の民主党大会後、トルーマン大統領は陸軍における人種差別をなくすように命じている。第二次世界大戦後には冷戦が訪れ、ソビエト連邦は、すべての人間は平等であるという理想を掲げる真の政府であるかのように振る舞った。トルーマンと他の多くは、アメリカが倫理的な優位性を再確立するためには人種差別とその隔離政策の長い歴史に終止符を打つべきだと考えたのである。

今日、北部・南部州のどの政治家も、ジョンソン大統領の投票権法に公の場で反論する者はいない。あの法律が施行されてから約四〇年後、自由のために戦った者たちは英雄と見なされ、キング牧師はアメリカの国家的な英雄となり、良きアメリカの象徴となっている。しかしながら、六〇年代、多くの白人たちは公民権の推進を憂慮すべき非常に恐ろしいものだと受け止めていたのである。

それはかなりのアメリカ人が、まだ新しい事態に対応できない人種隔離主義者であったからだ。一九六四年から七八年、全米選挙研究所が行なった調査では、人々に「人種差別廃止か、厳しい人種隔離主義か、それともその中間」のいずれを好むかと質問しているが、六四年には二三パーセントもの人々がまだ「厳しい人種隔離主義」を好むと答え、人種差別撤廃を支持したのは三二パーセントにすぎなかった。

あからさまな人種隔離主義を唱えたほとんどは南部州の人々であった。だが北部州でも厳しい人種隔離主義に対してそれほど支持があったわけではなかったが、公民権運動がもたらしていた変化に対する恐怖は隠しようがなかった。六〇年代を通じて、六〇パーセント以上の有権者が、「公民権運動の変化はあまりにも早すぎる」と感じていた。この反応は、公民権運動の目標が徐々に拡大していったこととも関係している。当初は、ジム・クロウと呼ばれた黒人差別制度を撤廃することが目的であった。この制度は南部州におけるあからさまで露骨な公民権の剝奪であり、時として黒人を暴力的に二流市民に押しやる政策であった。だが、同時にその乱暴さと残酷さゆえに、改革の目標としては定めやすいものであった。アメリカは公民権運動家たちの行進に同情し、南部の人種差別主義者たちの邪悪な抵抗に怒りを覚えた。そしてこのジム・クロウ制度を撤廃するためには、南部州政府が推し進めていた人種隔離制度を違法だと宣言すればそれで済んだのである。

しかし、その南部州のアパルトヘイト制度が撤廃された後でも、公的な法制度ではないにしても、事実上、人種差別と隔離の現実は残っていた。そしてそれは、法的な人種隔離政策とは異なり、アメリカ全土に存在していたのだ。公民権運動家がその現実を変えようとすると、対立の性格が変わった。南部州以外の白人の多くにとって、白人と黒人の子供たちを別々の学校に分けることは許されないということと、学区域を区分けし直して、人種隔離政策を終わらせるために子供たちをその学校に入学させることとはまったく別次元の事柄であった。同様に、南部州以外の白人は、州政府が黒人を平等に扱わないのは違法だと思っていたが、人種偏見のために民間の地主や家主が住宅を黒人に売らないのは違法ではないと受け止めていた。公民権活動家は、このような隔離や差別はジム・クロウ制度とまったく同じで、差別撤廃の障害になっていると主張していた。その主張は正しかったのだが、白人たちはそれは差別でなく自由意志による選択だと繰り返していた。だが、実際のところ、それは暴力的な脅かしによって保たれていたものであり、このような不当な差別を撤廃しようとするあまり、公民権運動は必然的により多くの敵をつくってしまった。

この点に気がついた目ざとい政治家がいた。ロナルド・レーガンは公民権法と投票権法に反対し、後者を「南部州にとって屈辱的」だと言っていた。レーガンはカリフォルニア州知事に立候補したが、その際の公約の一つは州の公平住宅法を撤回するというものだった。「もし個人が家を売ったり、貸したりする際、黒人《ニグロ》たちや他の者たちを差別したいのなら、個人にはその権利はあるはずだ」と、レーガンは述べていた。

何よりも、公民権運動に対する一般市民の受け止め方は、都市部における騒乱の高まりのために複雑なものになっていた。それは公民権運動に対する抵抗を強化・正当化し、運動のさらなる前進を難しいものにしていた。

## 都市での騒乱

一九六七年一〇月、リチャード・ニクソンが、今日有名な「アメリカに何が起こったのか」という記事をリーダーズ・ダイジェスト誌に掲載した。その記事は実際、パット・ブキャナンが書いたものであったが、アメリカにおける混乱のすべての原因を総括しようとするものであった。つまり、ニクソン＝ブキャナンによると、諸悪の根源はリベラル派の寛大な自由放任主義にあるというのだ。

「たった三年前、アメリカの人種問題は進歩を成し遂げるかのように見えた」が、現在この国は、「その歴史において最も無法で暴力的な状態」にあると、その記事は訴えた。都市部での騒乱は、「政府の権威と、アメリカの法に対する尊厳が低下していることの最も著しい証左である」と。

そしてその責任のすべては、リベラル派にあるとした。

六〇年代、保守派にとって最も効果的に世論を喚起することができたのは、「法と秩序」の崩壊を訴えることであった。アメリカ人が法と秩序が崩壊していると感じていたのには理由があった。一九五七年から七〇年の間に犯罪率が三倍に跳ね上がっていたのである。

六〇年代の犯罪増大の理由が何であろうと、アメリカの市民が見たのは、法と秩序の崩壊であった。その多くはニクソンの見解に従い、混乱の原因と考えられていたリベラル派の寛大な自由放任主義を非難した。自由放任主義が犯罪増大の原因であると考えられる明白な証拠はなかった。本当は、刑務所が不足していたことや、黒人に十分な就職機会がなかったことなどが理由であったろうが、犯罪増加がアメリカが過去の過ちを正そうとしていた時期と重なっていたことから、一般市民には自由放任主義と犯罪増加を関連づけて考える傾向が強かった。

だが、公民権運動は都市での暴動と関係があったのだろうか。一九六八年に発表された国家諮問委員会による国内の騒乱についての報告書では、関係ありと見ている。「白人の人種差別が、第二次大戦後からアメリカの都市で増大している暴動の基本的な要因である」しかしながら、最終的な責任は白人の人種差別にあるとしながらも、公民権運動によって醸成された期待感が暴動の原因として挙げられるともしていた。

ジョンソン大統領は、この報告書に愕然とした。報告書は保守派に有利に働くからである。都市での騒乱を白人の人種差別のせいにしたところで（それが事実であれ）、白人票を取り込むことには繋がらなかったからである。また、厳しい人種差別を撤廃しようとしたことが、暴動の引き金になったというのは、さらなる改革を推し進めにくいばかりか、公民権運動にもともと反対であった人々を鼓舞するに違いない。事実、この報告書はニクソンの役に立ったといえる。

そして白人有権者の間では、犯罪と暴動は世に広く喧伝されていたもう一つのアメリカの崩壊と結びついていた。つまり、福祉への依存が増大していたことである。

二〇〇四年の死去後、ロナルド・レーガンは、慈愛に満ちた愛すべき男として褒めたたえられてきた。彼は自由の大義のために戦い、悪の帝国であったソビエトに勝利し、これもきっと大義のために違いない減税にも打ち込んだ。しかし、一九六六年にカリフォルニア州知事になったロナルド・レーガンは、かなり違った人物であった。彼は福祉のただ乗りに怒っていた白人有権者の代表であり、そのための道具でもあった。その自伝の中で、レーガンは彼に六六年のカリフォルニアの州知事選に立候補を促したグループについて、こう書いている。

人々は政府による福祉の無駄遣いや福祉をだまし取っている連中にこりごりしていた。それに彼らは急な増税や、政府の規制や、横柄な官僚と役人に怒っていた。役人たちは、問題はすべて税金をつぎ込めば解決できると思い込んでいたのだ。

ここで描かれているイメージは明らかである。福祉をだまし取っている連中が、国民の税金を上昇させているということである。それが事実でないことなど、どうでもよかった。ほとんどの人々が「福祉」と聞いた際、母子家庭のための「要扶養児童家族援助プログラム」を思い浮かべていたが、このプログラムは政府にとって大きな負担になったことはなく、またインチキ受給が大きな問題になったこともなかった。たしかに福祉予算が上昇していたことは事実であった。六六年になると、一〇年前に比べて二倍以上のアメリカ人が福祉を受けていた。これはまだ序の口であった。福祉予算は六〇年代後半、七〇年代初めの「福祉の爆発」で再度倍以上に跳ね上がっている。そしてレーガンが指摘するまでもなく、福祉を受けるようになった多くは黒人であった。

何が「福祉の爆発」の原因であったのだろうか。

この問題の専門家であったミッキー・コースは、その急増大から三〇年後、何が本当に変化をもたらしたのか率直に書いている。「一九六〇年代、福祉が爆発する以前、多くの貧しい黒人は福祉を受けることができなかったか、またはそうしないようにさせられていたからだ」

つまり福祉の増大は、公民権運動の副産物でもあったといえる。

しかし、白人の黒人に対する人種差別が主な原因であったとはいえ、白人の反発は人種だけの問題だったのだろうか。

六〇年代はあまりにも多くのことが起こったが、その中でも人口の変化は確かな役割を演じた。既成の価値観に抵抗するカウンターカルチャーは、一九六四年ごろに登場している。その年、戦後初めてのベビーブームに生まれた者たちが大学に入学している。その数が多かったことだけでも、一世代前の文化的なしきたりを破ることを容易にしていた。また、技術的な変化もあった。ピルのおかげで、性的な試みはこれまでの歴史で最も容易になった。それに六〇年代の若者たちが異なる価値観を持っていたのは、テレビを見て育った最初の世代だったからかもしれない。テレビが視聴者に浴びせた映像イメージ（と広告）には、それが商品を売るためのものであれ、従来の価値を衰えさせる効果があった。

若者の反抗は、多くのアメリカ人を怖がらせ、そして怒らせた――特にロナルド・レーガンを。カリフォルニア州知事の選挙中、彼は「カリフォルニア大学バークレー校における目に余る性行為と共産主義の影響を調査する」と、公約していた。

いまとなってはマンガのようである。共産主義とセックス！　なぜ将来の大統領は、バークレー校の学生が何をしているのかにそれほどまでにとりつかれていたのだろうか。中流階層のアメリカ人にとって、六〇年代の社会変化は現実の不安要素であった。一方でアメリカ人は強盗に遭うことを恐れていた。これは犯罪が増えていた街では実際に起こっていた。他方、自分たちの子供たちがヒッピーになり、麻薬をやり、社会からドロップアウトすることを恐れていた。そしてこれも実際に起こったことである。

レーガンの例が示しているように、若者の反逆に大きな幻滅と不安を抱く者たちがいたが、そうする理由は彼ら自身も認めたくないかもしれない。つまり、他人の性生活に対する非常な興味は「保守派ムーブメント」の永続的な特質であるといえるのだ。それはこのムーブメントにとって、まあ、強い関心事なのである。

## ベトナム

ベトナム戦争はアメリカを激しく分断した。その激しさは近年再び顕在化した分断に通じるものであり、大きなデモ行進が起こり、時として暴力沙汰にまで発展していた。中には非常に過激化した少数のアメリカ人もいて、暴力的な革命を夢見る者もいた。その間、リチャード・ニクソンはベトナム戦争を利用して政権を奪取している。勝利を可能にしたのは、ジョンソン大統領が戦争に行き詰まり、再選を望まないことを決意したからであった。その四年後、ニクソンは一般から嫌われていた戦争を自らの目的のために利用し、政治的な成功を収めている。そのやり方は二〇〇四年、ジョージ・W・ブッシュの勝利においても繰り返されている。一般のアメリカ人は圧倒的にベトナム戦争に反対であったが、ニクソンは民主党の大統領候補であったジョージ・マクガヴァンのベトナムからの撤退を無責任で弱腰だと思わせることに成功した。

当然のことながら、ベトナムはアメリカ政治を変えてしまったと思われるだろうが、事実を詳細に検討してみると、ベトナムをアメリカ政治の転換点だとすることは驚くほど難しいのである。ベトナムが決定的な転換点だったとするには、反戦運動か、その運動に対する反動か、ないしはその両方が、戦争終結後も政策や選挙に影響を長期間与え続けなければならない。だが、そのようなことは起こらなかったのである。

反戦運動は、六〇年代、そして七〇年代初めのアメリカに重くのしかかっていたが、一九七三年に徴兵制が終わり、ベトナムからアメリカ軍が撤退してからというもの、驚くほどのスピードで消え去った。反戦運動家は他のことに関心を移し、過激な左派主義は重要な政治勢力として根づくことはなかった。

他方、ニクソンは反戦運動に対する反動を大きな議会勝利に結びつけることができないでいた。ベトナムが「民主党を破壊した」という長らく続いている神話があるが、表3が示しているように、ベトナム戦争当時、議会でどの党が支配的であったかを見れば、それが事実ではないことが判明する。ニクソンのマクガヴァンに対する地滑り的勝利の七二年でさえ、民主党は下院で過半数を維持し、実際上院では議員数を伸ばしている。七二年の勝利を手に入れようとしたニクソンの汚い陰謀、つまりウォーターゲート事件の反動は大きく、民主党は選挙で大きく躍進している。また、ベトナム戦争終結後の数年、民主党が安全保障問題に弱いという認識が一般のアメリカ人に広がっていなかったことも、世論調査などが明らかにしている。

**表3　民主党の過半数維持の推移**

| 議会 | 年 | 民主党の上院議席数（定数 一〇〇） | 民主党の下院議席数（定数 四三五） |
|---|---|---|---|
| 第九〇回 | 一九六七・六八 | 六四 | 二四八 |
| 第九一回 | 一九六九・七〇 | 五八 | 二四三 |
| 第九二回 | 一九七一・七二 | 五四 | 二五五 |
| 第九三回 | 一九七三・七四 | 五六 | 二四二 |
| 第九四回 | 一九七五・七六 | 六一 | 二九一 |

## 六〇年代が生んだもの

六〇年代はヒッピーと過激派学生、戦争と平和、そして保守主義者が長髪の若者を殴っていた時代であった。それらが何の影響も与えなかったと考えるのは、バカげている。しかし、これらすべては、次の三〇年間アメリカの政治経済における変化の基礎を形作るのに小さな役割しか演じなかったのである。間接的とはいえ、より重要なのは共和党が、黒人解放運動や六〇年代の若者文化に対する白人の反発をうまく利用する方法を学んだことであり、それは「保守派ムーブメント」にとってそれから数十年間役立つことになる。白人たちの反発がヒッピーと犯罪から、妊娠中絶と同性愛結婚へと移ったとしても、本質的には同じことである。

だが、長期的に見ると、人種問題でニューディールを支持してきた諸勢力が分裂したことが問題だった。その分裂は新しい政治の扉を開けた。この人種にまつわる政治の変化が、「保守派ムーブメント」を復活させたのだ。その最終的な目的はニューディールの成果の逆転であり、全国の選挙で勝利することであった。中流・低所得層のアメリカ人ではなく、少数のエリートの利益に有利に働く政策しか支持していないのにもかかわらず、全国的に勝利しようと目論んでいたのである。

とはいえ、この「保守派ムーブメント」が選挙に勝利する前に、まずその基礎を築き、共和党を掌握する必要があった。それがどのように行なわれたのかということが、次の章の主題である。

# 第６章　「保守派ムーブメント」

「ニューコンサーバティブ」（新しい保守派）と呼ばれるようになった者たちは、若く、ぶしつけで、メディアに通じていた。自らを体制に挑戦するアウトサイダーだと捉え、当初からその運動資金は潤沢であった。

その運動の先鞭をつけたのは、ウィリアム・F・バックリーであった。彼が一九五一年に出版した『イェール大学の神と人間（*God and Man at Yale*）』は、キリスト教に対し批判的か、ないしは懐疑的であった教授陣を雇っていたイェール大学を非難し、バックリーは一躍名を馳せることとなった。言うまでもなくケインズ経済学を教えていたことも批判の対象となった。五五年、彼は保守派のオピニオン雑誌『ナショナル・レビュー』を創刊する。

同誌は五七年、南部州が黒人の公民権の剥奪を続けることを支持する票を投じた上院議員を讃える論説を掲載している。また同年、「スペインからの手紙」という文章で、「フランコ将軍は本物の国家的英雄である」と、讃辞を送っていた。

それらの文章が掲載されてから半世紀が経った現在、「保守派ムーブメント」は発言を慎むようになり、自由と個人の選択を擁護しているのだと主張するようになった。とはいえ、このムーブメントは何よりも宗教と資産を守ることに熱心で、当初から非常に非民主的であった。『イェール大学の神と人間』の第一章は、「キリスト教徒」を支持していないとしてイェール大学を非難、第二章は、「イェール大学の個人主義」と題されていたものの、それはケインズ経済学を教え、累進課税や福祉国家に理解を示していた教授たちを攻撃する内容であった。そして民主主義が宗教と資産を十分に守ることができるような環境を整備できないのなら、民主主義はますます悪化していくに違いないと主張した。

とはいえ、アメリカにはフランコ将軍はいなかったし、そのような人物が登場する見込みもまったくなかった。政治権力を握るためには、新しい保守派が政党を掌握し、選挙に勝たなければならなかった。

## 大衆の支持を求めて

一九六四年、保守派の活動家たちが、大統領を選出する共和党大会を牛耳り、バリー・ゴールドウォーターを大統領候補に指名した。だが、これは保守派にとって真の幕開けではなかった。大統領選挙でゴールドウォーターは屈辱的な敗北を喫したのである。「保守派ムーブメント」がその目的を達成するためには、その支持基盤を広げる必要があった。そして誰よりもロナルド・レーガンこそが、その方法を示したといえる。

六四年一〇月二七日、レーガンはゴールドウォーターの大統領選のためにテレビ演説をした。その演説の正式なタイトルは「選択の時」であったが、大きなインパクトを与えたため、後に単に「ザ・スピーチ」と呼ばれるようになった。

だが、その演説は大きな政府の悪について支離滅裂に伝えるものでしかなかった。論理的な議論を欠き、聴衆をあおるような統計や逸話が相まっていた。その統計は誤解を招き、逸話の真実性は疑わしかった。

「連邦政府には二五〇万人もの職員がいて、連邦、州、地方を足すと、この国の労働者の六人に一人が政府によって雇用されていることになる」と、レーガンは役に立たない大規模な役人集団がいるかのような印象を聴衆に与えていた。聴衆が実際その役人たちが何をしているのか知ったら、彼が強調したかった点は失われていただろう。六四年、連邦政府職員の約三分の二は国防省か、郵政省で働いていた。州、地方の職員のほとんどは、学校の先生か、警察か、消防士だった。彼はまた子供が七人いるが夫と離婚したがっている女性の話を持ち出し、「要扶養児童家族援助プログラム」をやり玉に上げた。その女性が離婚したがっていたのは、離婚した場合、援助プログラムからの給付金のほうが夫の稼ぎよりも多くなるからだというのだ。レーガンによると、あるロサンゼルスの判事から、この話を聞いたということだった。

ナショナル・レビュー誌は、裕福で自意識過剰な少数のエリートにしか語りかけていなかったが、レーガンは大して変わらない政策について、一般大衆の偏見と感覚に訴える言葉で語りかけることができた。彼の演説は、スペインのフランコ将軍のことなど知らない、ないしは知っていてもどうでもよく、ウィリアム・バックリーの難解な文章を読み解くことのできない人々の共感を呼び起こすことができたのだ。レーガンが見出したのは、「保守派ムーブメント」の真の大衆支持基盤であった。

レーガンにそれが可能だったのは、小さな政府という政治レトリックを使い、あからさまに人種差別的にならずに黒人解放運動に対する白人の反発をくすぐることができたからである。福祉のだまし取りを攻撃すれば、そのだまし取りをしていた者たちが誰なのかは知れたことだった。納税者の税金を無駄にしていた役人の大群を痛烈に非難すれば、福祉に自分たちの血税がつぎ込まれていると思い込んでいた有権者の不満を刺激できた。そしてその福祉の恩恵を受けていたのが、誰かは周知のことであった。

またレーガンは、共産主義の脅威に対する大衆の被害妄想をくすぐることにも成功している。皮肉なことに、超大国であることの問題は、その力の限界を国民に説明することの難しさにある。カナダ人は、なぜ政府がその意思を世界に押し付けられないのかと訝《いぶか》りもしない。だが、アメリカ人は国を危ぶませるものは、非常に簡単に軍事力によって排除できると思い込んでいるのである。そして自制を唱える者は、よくて弱腰、悪くて国家への反逆だと思っている。

現実的には、自制的なアプローチ以外に健全な選択肢はないはずだ。現代のテロリズム同様、五〇年代、六〇年代の共産主義は、封じ込めることはできても排除することはできないものだった。封じ込め政策とは、軍事力によって共産主義政権を転覆させるような直接的な試みは避け、防衛的な戦争しか戦わず、ソビエトの影響を援助と外交で食い止めるというものであったが、その政策は最後には完全に勝利している。第三次世界大戦は勃発しなかったし、アメリカは冷戦に決定的な勝利を収めた。しかし、その戦略は、テロリズムに対する理性的な対応同様、自制的な方法を弱腰で堕落していると考える人々にとっては、臆病だとしか思えなかったのである。

レーガンにとっても、封じ込め政策を支持している者は、「勝利なき空想的な平和決着」を夢見ている弱腰の愚か者でしかなかった。

つまり、「保守派ムーブメント」は、一般大衆の感情にアピールする二つのことを見出し、広い大衆支持基盤を掘り起こすことに成功したのである。その二つとは白人の黒人解放運動に対する反発と、共産主義に対する被害妄想であった。この支持基盤の出現は、政治的には周辺的な存在でしかなかった一九五〇年代の「ニューコンサーバティブ」を、長い道程の末、無視できない政治勢力へと押し上げた。そしてその支持基盤の広がりは、他の異なる支持基盤の登場によって強化されることになる。その支持基盤は票を集めることはできなかったかもしれないが、カネを集めることはできた。それはビジネス界からの熱い支持であった。

## ビジネス界の支持基盤

今日、ビジネス界のほぼ全般が最右派を強く支持していることは、当然のことのように受けとめられている。薬品業界はその寡占を邪魔されたくない。保険業界は国民皆保険を退けたい。電力会社は環境規制から自由でありたい。そして国民全員が減税を欲している。とはいえ、五〇年代と六〇年代、ニューディールの成功の記憶がまだ新鮮だったころ、大企業は政治に慎重であった。「保守派ムーブメント」の当初のビジネス基盤は主に中小企業で、往々にして個人経営のビジネスであった。そしてその不満は何よりも組合に向けられていた。

いまとなっては、組合の問題がいかに重要であったかを理解するのは容易でない。しかし、五〇年代のアメリカにおいて、組織化された組合運動は強力で、明らかな役割を演じていた。今日、非農業労働者の一二パーセントしか組合に入っていないが、五〇年代のそれは三〇パーセント以上であった。アメリカの組合加盟率はカナダ、イタリア、またはフランスよりも高く、西ドイツと比較してもそれほど低いものではなかった。経済的な影響だけでなく、組合は政治の舞台でも中心的な役割を演じていた。南部州以外では、組合の活動が民主党勢力の屋台骨となっていた。

組合の要求は、自動車会社や他の大企業の雇用主にとって受け入れられないものではなかった。海外企業との広範な競争が始まる以前、コスト高は消費者に転嫁することができたからだ。各自動車会社、鉄鋼会社は、国内の競争相手も同じ交渉をしていることを知っていた。

しかしながら、たとえばデパートなどの中小企業のオーナーの観点からすれば、組合の要求は受け入れられるものではなかった。そのようなビジネスは、海外からの競争に直面しないかもしれなかったが、組合に加盟していない零細企業や小さな家族経営の店との競争にさらされていた。それらの零細企業が組合の標的となるには小さすぎたのである。中小企業のオーナーにとって、組合の増大し続ける要求は、ひどく腹立たしいどころか、脅威ですらあった。

バリー・ゴールドウォーターの一家は、デパートを経営していた。それもアリゾナ州のフェニックスにおいてである。アリゾナ州の法律は「働く権利」を定めているが、会社の従業員が組合員になることを求めるような契約書は違法としている。ゴールドウォーターは猛烈な反組合主義を声高に唱え、アメリカ全土にその名が知られることとなった。そして反組合主義によって「保守派ムーブメント」は、ビジネス界で最初の強固な支持基盤を得ることになる。六〇年代以降、組合に反感を持っていた経営者たちがこのムーブメントに政治資金を援助し、強固な基盤をつくっていった。そしてその支援は報われることになる。

### 知識人の支持基盤

「保守派ムーブメント」が大衆の支持基盤を獲得し、ビジネス界からも強固な支援を受けるようになると、知識人の支持も得るようになる。もちろんウィリアム・バックリーやナショナル・レビュー誌などに代表される最初の「ニューコンサーバティブ」は知識人であった。だが、「保守派ムーブメント」の知識人たちが形成されるのは、かなり異なる二つのグループ、つまり「ニューコンサーバティブ」とネオコンサーバティブが合流してからのことである。

ネオコンサーバティズムの起源は、大きく二つのグループにたどることができる。一つは、ケインズ経済学に対抗したミルトン・フリードマンに代表されるシカゴ派のエコノミストたち。そしてもうひとつがアーヴィング・クリストルに代表される社会学者たちで、ジョンソン大統領の「偉大な社会（訳注／人種や性などの差別を撤廃した福祉社会実現の理想）」の建設に反対した雑誌、『パブリック・インタレスト』に関わっていた者たちである。

一九四〇年末になると、フリードマンと彼の同僚であるジョージ・スティグラーは、すでに政府の家賃統制を厳しく批判していた（正当な理由はあったといえる）。五〇年代になると、それは政府の介入や規制一般に広く向けられるようになる。六〇年代初頭になると、フリードマンは完全に自由市場経済を訴えるようになり、大恐慌さえ市場の失敗からではなく、政府の失策によって起こったものだと主張するようになる。彼の議論は当てにならないところがあり、それは知的に不正直であったと言われても仕方がないものだと私は思う。しかし、彼ほどの偉大なエコノミストが知的な術策に手を染めるとは、それ自体、いかに自由市場主義が魅力的か示していると いえる。自由市場主義エコノミストたちは、ニューディールだけでなく、進歩の時代（the Progressive Era）の改革まで否定するようになり、政府が食糧や薬品の安全を取り締まることさえ不当であると指摘した。そしてフリードマン自身、ゴールドウォーターの選挙運動と関わるようになる。

社会学者の反乱は、自由市場経済の登場よりも遅く、より悲観的な論調であった。フリードマンとその同僚たちは非常に楽観的であったが、アーヴィング・クリストルとパブリック・インタレスト誌に集まった者たちは、懐疑家、いや皮肉屋ですらあった。彼らはジョンソン大統領の「偉大な社会」に反対していた。その議論にはいくらかの正当性はあったろうが、彼らは「偉大な社会」を愚かな、失敗するはずの社会改革でしかないと見ていたのだ。クリストルは後にこう書いている。「貧困に対する戦いに含まれていた左派的な考えが広く受け入れられていたことに、われわれは特に腹が立っていた」

## ニクソンと偉大な展開

ロナルド・レーガンが一九六六年、カリフォルニア州知事に当選したことが、「保守派ムーブメント」の最初の大きな選挙での勝利であった。しかし、レーガンの勝利は、リチャード・ニクソンの活躍と、七二年の地滑り的な勝利のために影が薄くなった。それにニクソンの成功は、「保守派ムーブメント」にとっての勝利だとは受け止められなかった。ニクソンは過渡的な存在でしかないと思われていたのだ。ニクソンはムーブメントの政治的な戦略を活用し、その戦略の大部分を発明したとさえ言えたのだが、彼はムーブメントの目標を共有していたわけではなかった。ニクソンにとってすべては彼個人の政治的な野心のためであった。

事実、ニクソンの実際の政策は、「保守派ムーブメント」が望んでいたものではなかった。ニクソンは国内政治では穏健派、時としてリベラル派として政権運営を行ない、増税をし、環境規制を拡大し、国民皆保険まで導入しようとさえ考えていた。外交においても彼は同様にプラグマティズムを貫き、北ベトナムと共産主義の中国と戦いながら、同時に共産主義の中国と対話を行なっていた。ニクソンは、後に明らかになったように、多くのことを憎んでいたが、彼は「保守派ムーブメント」のように政府の介入や福祉国家を憎んでいたわけではなかった。いずれにしろ、時はまだ熟していなかったのだ。

七〇年代半ば、「保守派ムーブメント」はある意味で、後にニューディールとなる一九二〇年代後半のムーブメントと似た位置にいたといえる。そこにはアイディアがあり、組織も備わり、中核となる知識人もいた。ムーブメントが権力を掌握するためには、あとは危機が必要であった。

そしてそこに内外の危機が訪れたというわけである。

外交面ではベトナムの陥落後、アフリカや東南アジア諸国で共産主義が勝利し続けているかのように見えた。そしてソビエトがアフガニスタンに侵攻し、直接の関連はないとはいえ、同じような不安をかきたてるイランのイスラム革命とテヘランでの屈辱的なアメリカ大使館人質事件が起きた。国内政治面では、間違った政策とエネルギー危機がスタグフレーションの悪夢を生み出し、高失業率と二桁のインフレを招いた。

顧みるなら、共産主義の前進に対する恐怖はバカげていた。ことにソビエトのアフガニスタン侵攻は、共産主義の崩壊の始まりであった。イランのイスラム革命はアメリカにとって大きな痛手であったが、積極的な外交政策で状況を悪化させる以外にできたことはなかったろう。経済危機は間違った金融政策と不運が重なった結果だったが、そのどちらもリベラル主義とは何の関係もなかった。

それでもなおかつ七〇年代の悲観的なムードは、「保守派ムーブメント」がリベラル的な政策は信頼できないものだと糾弾することを可能にした。そして新たに勢力を増したムーブメントは、すぐさまニューディールの成果を逆転させることに成功したのである。

# 第7章　大格差社会

現代のエコノミストたちは、アメリカの所得の中央値が一九七〇年以降上がったのか、それとも下がったのか議論している。このような議論が交わされていること自体、示唆的であるといえる。三〇年前よりもアメリカははるかに生産的で、したがって豊かな国になっている。平均的な労働者の一時間当たりの生産規模は、インフレ調整後でも一九七三年よりもほぼ五〇パーセント上昇している。とはいえ、非常に早いスピードできわめて少数の人々の手に所得が集中しているため、典型的なアメリカ人が生産性向上から「何か」を得たのかどうかは定かではない。

戦後の急成長の恩恵は、ほとんどのアメリカ人によって共有されたが、その成長も七〇年代の経済危機によって終わりを迎えた。原因は石油の高騰、抑制不可能なインフレ、生産性の低下である。八〇年代には危機は収まったものの、経済成長が広く平等に分配されているという感覚は二度と戻ってくることはなかった。楽観的な明るい時代があったことは事実である。不況から抜け出して景気が回復した八〇年代初頭のレーガンの「アメリカの朝」や、誰でも即刻金持ちになれるかのような九〇年代終わりの熱狂がそうである。しかし、戦後の急成長が終わってからというもの、経済成長は一時的でつかの間のものでしかないという感覚を拭い去ることはついにできなかった。

「平均」所得は、つまり国の所得の合計を国民の数で割ったものであるが、それは急成長の最後の年である七三年以降も、大いに上昇している。とはいえ、平均所得はほとんどの国民の経済状態を必ずしも正確に伝えているわけではない。もしマイクロソフト社のビル・ゲイツがバーに入ってきたら、バーの顧客の平均収入は急上昇するが、ビル・ゲイツが入ってくる前からバーにいた人々は以前よりも金持ちになったわけではない。そのため経済学者は、少数のきわめて裕福な層か、きわめて貧しい層でなく、あるグループの典型的な構成員の経済状態を知ろうとする際、通常、所得の「平均」ではなく「中央値」に言及するのである。所得の中央値とは、人口の半分よりも豊かではあるが、他の半分よりも貧しい者の所得である。これは平均所得とは違い、ビル・ゲイツがバーに入ってきても上がらないのである。

このビル・ゲイツがバーに入ってくるというのは、なかなか的を射た比喩である。それは実際にアメリカでこの三〇年間何が起きたのかを物語っている。平均所得は大いに上昇しているが、それは少数の人々がとてもとても裕福になったからである。富裕・貧困のいずれの極から見るかによるが、所得の中央値はわずかに上がったか、実質的には下落しているのである。

## 勝者と敗者

ビル・ゲイツの比喩でもわかるように、格差の拡大のため普通のアメリカ人労働者は生産性の向上の恩恵を受けることができなかった。だが、誰が勝者で、誰が敗者であったのだろうか。勝者はビル・ゲイツだけでなく、驚くほど限られた一握りの人々であった。

それはまさに、とてもとても裕福な人々であった。オリヴァー・ストーン監督の八七年の映画『ウォール街』でその主人公、ゴードン・ゲッコーは、会社乗っ取り屋のアイヴァン・ボースキーをモデルにしているのだが、チャーリー・シーン演じる若僧に、「おまえはウォール街で働く年収四〇万ドルの労働者になりたいのか。ファーストクラスに乗って、それで満足なのか」と、聞いていた。

当時、年収四〇万ドルなら所得の分布においておよそ上位〇・一パーセントに位置したはずだ。かなりいいではないかと、思われるかもしれない。だが、八〇年代後半、ストーン監督も気がついたように、所得分布の上位では驚くべきことが起きていた。リッチな人々は単なる金持ちを突き放し、スーパーリッチは単にリッチな人々を突き放していたのである。上位一〇パーセントの下半分に属する人々、年収で言うなら一〇万ドルから一五万ドルの人々は、それよりも年収が低い人々よりも稼いでいたとはいえ、それほどすごく稼いでいたわけではなかった。実際、七三年以降、パーセンテージで見るなら戦後の急成長期ほど所得は伸びていないのである。七〇年代以降、最高位一パーセントしか、第二次大戦以降の世代と比べて所得は伸びていなかった。そしてその上に行くと、その伸びは目をみはるほどだった。上位〇・一〇パーセントの人々の所得は五倍に増え、上位〇・〇一パーセントのアメリカ人は、七三年に比べて七倍も金持ちになっているのである。

これらの人々は誰なのだろうか。そしてなぜ、他よりもうまくやっていたのだろうか。「金ぴか時代」なら高額所得は一般的に所有する資産から得られたものであった。経済的なエリートは価値の高い土地と天然資源か、または非常に大きな利益を得ることができる企業を所有していた。だが、もはやモノの所有は、エリートステータスの主な証左ではなくなった。今日、億万長者でさえも、その所得のほとんどを給与報酬として受け取っている。

一九〇五年ごろの典型的な高額所得者が、工場を所有する大企業のオーナーであったなら、その一〇〇年後それに匹敵する人物となると、ボーナスとストックオプションなどでたっぷりと報酬を受け取っている経営のトップである。

問題は、もちろん、なぜそのようなことになったのかという点である。一般的に言って、一九七〇年以降、所得格差が広がり始めたことには、二つの相反する説明がある。最初の説明は、高度技術への需要が高まったことが原因だというものである。グローバリゼーションによって促進された技術革新がその大きな理由だとされ、慎重で当たり障りのない説明を好む人々がよく唱えている。もう一つの説明は、制度や規範、そして政治権力の変化を強調する説明である。

## 高度技術への需要

パソコン、携帯電話、LAN、インターネットなどの情報産業テクノロジーは、新しい機器をつくり、プログラムし、動かし、修理するのに十分なトレーニングを積んだ人々の需要を増大させた。それは同時に、単純労働の労働者を必要としなくなった。たとえば、今日のオフィスでは、七〇年に比べて秘書の数ははるかに少ない。ワープロがタイピストの必要を排除し、コンピュータ・ネットワークが書類の整理と検索の手間を劇的に減少させたからである。しかし、これまで以上に管理職は増えている。ローカルネットワークに接続されているバーコードのスキャナーが、レジで必要な人々と在庫を管理する人の数を減らした。だが、これまで以上にマーケティング・コンサルタントが増えている。といった具合に経済全体に同じような現象が見て取れるわけである。

技術革新が格差を拡大させたという仮説は広範に普及していて、これが説得力があるのは次の三つの理由からである。第一は、そのタイミング。格差が広がり始めたのは、コンピュータとそのアプリケーションが大きく広まり始めたころだった。たしかに、メインフレームコンピュータは六〇年代にすでに広範に使われていた。部屋を占領して給与や他のビジネスデータを計算していた大きなマシンである。しかし、それはほとんどの労働者の仕事の仕方に影響を与えなかった。現代の情報テクノロジーは、インテルが初のコンピュータチップを一九七一年に導入するまで始まらなかった。テクノロジーが普及し始めるのは、それからである。

第二に、この仮説はエコノミストが安心できるようなものであった。それは需要と供給だけで説明でき、制度、規範、政治権力など社会学者がよく話題にするが、エコノミストが自らのモデルに導入することが難しいものを含んでいなかった。

そして最後にこの仮説は、格差の広がりは誰の責任でもないとしていることである。それはただテクノロジーが見えざる手を操っているだけだというわけである。

しかし、技術革新が格差を広げたという直接的な証拠は驚くほど少ない。テクノロジーがマーケットに与えた影響をはかる簡単な方法はないのである。この問題だけでなく、他の事柄においても、エコノミストは他の測量可能な力で説明できない場合、技術革新のせいにすることが多い。その仮説はこういうものである。まず、格差の広がりは技術革新、国際貿易、そして移民流入によって引き起こされていると仮定する。それから貿易と移民の影響を推定する。それ自体、偏向した作業だが、少なくとも輸入額と移民の数のデータはあるわけである。最後に、これらの測定可能な数字で説明できないことはすべて技術革新のせいにするのである。つまり、格差の広がりの最大の原因は技術革新だと力説するエコノミストは、その結論に消去法で到達したことになる。貿易と移民だけでは何が起こったか十分に説明できないので、技術革新がその犯人だろうということになった。

しかし、理解しなければならないのは、テクノロジーの変化や、移民の流入や、国際貿易の増大は、労働者の教育程度の差によって拡大する格差を説明できることぐらいで、格差拡大の一面を捉えるだけだということである。教育程度に対する報酬が増大したことは事実であるが、大学卒ですらその給与は生産性の伸びに追いついていないのが実情である。たとえば、大学卒の所得の中央値は、一九七三年以降、実質ベースで一七パーセントしか上昇していない。

それは所得の大きな伸びが、広範な高所得者層にではなく、非常に巨額な所得を稼いでいる限られたグループにしか恩恵をもたらしていないからである。一般的に高額な所得を得ている者の教育程度は高いが、教育を受けている労働者全体の代表例だとはいえない。CEO（最高経営責任者）と、学校の先生の両者とも、通常修士号を持っているだろうが、学校の先生の給与は七三年以降、わずかにしか上昇していないが、七〇年に平均的な労働者の約三〇倍だったCEOの所得は、今日では三〇〇倍以上にも跳ね上がっている。

## 「デトロイト協定」の終わり

エコノミストの間で、技術革新ではなく、制度や規範の変化が格差拡大に繋がったのだという説に支持が広がっているのには、二つの大きな理由がある。第一に、今日の格差拡大は制度と規範の変化によるものだという説明は、一九三〇年代と四〇年代における劇的な格差「是正」――

つまり「大圧縮」時代で起こったこと——と、現在の経済格差を関連づけ、その実態を解き明かすのに役立つからである。第二に、制度と規範の変化という説明は、アメリカが例外だということを示すのに役立つからである。他のどの先進国においても、アメリカで起こったような格差拡大は見られなかった。

「大圧縮」そのものが、より正確に言うならその持続性が、所得分配を決定するのは見えざる手ではなく、社会的な諸制度のほうが決定的な役割を演じていることを示している。第3章で指摘したように、戦後のベビーブーム世代の中流階層は、徐々に進展してきたわけではなかった。それは第二次大戦中の賃金統制、労働運動、ニューディールの変革によって非常に短い期間につくられたものであった。だが、戦時下の経済統制が解かれても、戦争中に実施された比較的平等な所得分配はその後数十年も続いてきた。

その持続の理由の一つは、たとえば、フォーチュン誌が「デトロイト協定」と呼んだ、一九四九年のゼネラル・モーターズ（GM）と全米自動車労組（UAW）の間で結ばれた画期的な労使協定に見出すことができる。その協定の下では、UAW組合員の賃金は生産性に伴って上がり、医療手当や退職金も支給された。その見返りとしてGMが得たものは、安定した労働力だった。そしてその協定内容はアメリカ全土の労使関係に波及し、非組合員の労働条件にも強い影響を与えた。

同時に強力な組合の存在は、株主と経営者の収入に対して抑制をきかすことにも繋がった。トップの経営者が非常に巨額の報酬を得るようなことをすれば、労働者との間で問題が起こることはわかり切っていた。同様に、大きな利益を上げていた企業が賃金を上げていない場合は、労使関係を損なう恐れがあった。

「デトロイト協定」の下で労使関係が今日の状況といかに違っていたかを知るために、過去と現在の代表的な企業二社を比較してみよう。

戦後の急成長の最後の数年、規制されていた電話通信の独占企業を除けば、民間企業としてはGMがアメリカ最大の雇用主であった。そのCEOは、したがってアメリカで最も高い給与を得ていた最高経営者の一人であった。六九年のチャールズ・ジョンソンの給与は、七九万五〇〇〇ドル、今日のドルの価値で換算するなら約四三〇万ドルである。その額ですら当時は物議をかもした。だが、普通のGMの労働者の給与も良かった。六九年、自動車産業の労働者は、平均でほぼ九〇〇〇ドル、今日で四万ドル以上を稼いでいた。GMの労働者は、高条件の医療手当と退職金も得ていて、まさに中流階層の労働者であった。

今日、ウォルマートは八〇万人を雇用し、アメリカ最大の企業である。二〇〇五年、その会長リー・スコットの給与は二三〇〇万ドルで、インフレ調整後のGMのチャールズ・ジョンソンの給与の五倍以上である。だが、彼の給与はほとんど物議をかもさなかった。今日の大企業のCEOの給与としては、例外的ではなかったからである。それに対し、ウォルマートの従業員の給与は、現在の水準からしても低いことから物議をかもしている。管理職ではないウォルマートの従業員の給与は平均で約年一万八〇〇〇ドル。これはインフレ調整後、三五年前のGM労働者の給与の半分以下である。ウォルマートはまた、医療手当を受けている従業員数の割合が低いこと、そしてその限られた手当もケチであることでも悪名高い。

多くのエコノミストが、当時のGMと今日のウォルマートとの対比は、アメリカ経済全般に起こったことを象徴していると議論している。一九七〇年代とその後、「デトロイト協定」が破棄されると、第二次大戦後、格差の広がりを抑制していた制度や規範が消え去り、格差が「金ぴか時代」に逆戻りしたのだ。つまり、一九七〇年代以降の大格差社会は、基本的に所得の「大圧縮」を逆さにしたものだといえるのである。

また、この制度と規範による説明は、各国ごとの格差の傾向の違いをよく示している。留意するべきは、技術革新とグローバリゼーションの趨勢は、すべての先進諸国に影響を及ぼしてきたことだ。ヨーロッパは情報テクノロジーをアメリカとほぼ同じぐらいの早さで導入している。安価な衣類はアメリカ同様、中国製である。もし技術革新とグローバリゼーションが格差拡大を引き起こしているのであるなら、ヨーロッパもアメリカと同程度の格差を経験しているはずである。しかし、先進諸国間でも制度と規範は大きく異なり、たとえばヨーロッパでは組合の力は依然として強く、巨額の給与を非難し、労働者の権利を強調する昔からの規範は消え去っていない。すなわち、制度の問題であるなら、格差の広がりはヨーロッパと違ってアメリカは例外的であり、事実、アメリカは際立っているのである。

つまるところ、技術やグローバリゼーションよりも制度と規範がアメリカにおける格差拡大の大きな原因であるという強い状況証拠があるといえる。制度的な変化のいい例は、アメリカの労働運動の崩壊である。しかし、その規範の変化とは何を指しているのだろうか。

## どこまでも上がるCEOの報酬

エコノミストが、規範の変化はどのように格差の拡大に繋がったかということに触れる際、あるひとつの具体的な例を頭に浮かべているはずだ。つまり、際限なく上がるCEOの報酬である。広がる格差の大きな勝者は大企業の経営幹部だけではないが、その注目度からして、これがアメリカ経済全体でいったい何が起こっているのかを示す好例だといえる。連邦準備制度理事会（FRB）の調査によると、七〇年代、一〇二の代表的な大企業のCEOは、平均して今日のドル価値で約一二〇万ドルの給与を得ていた。それは一九三〇年代のCEOが受け取っていた額よりも少し多く、当時のフルタイムで働く平均的な労働者が受け取る額よりも「たった」四〇倍多かっただけであった。二〇〇〇年に入ると、CEOの報酬は平均年九〇〇万ドルに跳ね上がり、それは平均的な労働者の給与の三六七倍である。CEOほどではなかったが、他の経営者のトップの給与も上がっていた。大企業でCEOに次ぐ経営者トップの給与も、七〇年代では平均的労働者の給与よりも三一倍も多かったが、それが二〇〇〇年初頭になると一六九倍にも跳ね上がっていた。

経営者トップの給与が際限なく上がっているのは、狭い意味での経済的な要因によるというよりも、社会・政治的な要因によるだろう。それは、経営者としての才能に対する需要が高まったからではなく、CEOの巨額な給与に対する怒りにも似た反発――株主、労働者、政治家、または一般大衆からの激しい反発――が消え去ったからである。それにはいくつかの要因があり、報道機関は以前、巨額を受け取っているCEOを批判していたが、いまではその代わりにビジネスの天才だと褒めたたえるようになった。五〇年代と六〇年代、大企業は知名度が高く、カリスマ性のある経営者が必要であるとは考えていなかった。ＣＥＯがビジネス雑誌の表紙を飾ることは稀だったし、チームプレーヤーとしての仕事を大切にしていたため、経営責任者は社内から昇進させていた。それに対し八〇年代以降、ＣＥＯが会社の顔になり、また会社がＣＥＯをつくるようになった。いわばＣＥＯは一種の著名人ないしは有名人となり、ロックスターのような存在になったのだ。

政治家も以前、巨額を稼いでいた経営者を一般の人々とともに糾弾していたものの、経営者トップが政治献金を行なうと、彼らを褒めるようになった。以前、労働組合は経営者トップの巨額のボーナスに抗議していたが、何年にもわたって組合潰しにあい、労働組合は骨抜きにされてしまった。そしてもう一点、最高税率は七〇年代初頭、七〇パーセントだったのが、現在は三五パーセントまで下がっている。経営者トップにしてみれば、その地位を利用しない手はない。トップはその巨額のほとんどを懐に収めることができるのである。その結果は最高位所得の肥大化であり、所得格差のさらなる拡大である。

驚くことなかれ、ヨーロッパはアメリカのような規範や制度の変化を経験していないため、経営者トップの給与はアメリカよりもはるかに少ない。英国に拠点を持つ国際石油資本メジャーの一つであるＢＰの最高経営者の報酬は、アメリカのシェブロンのＣＥＯの半分以下でしかない。

企業規模ではシェブロンがBPの約半分でしかないのにだ。あるヨーロッパの企業コンサルタントがこう指摘している。「ヨーロッパでは〔CEOの巨額な報酬に対する〕社会的な反発がかなり考慮されるが、アメリカには羞恥心というものがないのだ」

## 変化の理由

だが、規範と制度の変化はどこから来たのだろうか。その答えは政治にあるようだ。たとえば、労働組合の影響力の低下である。組合は一時、格差を是正するのに重要な役割を演じてきた。なぜ、組合の力は低下したのだろうか。

それに対する一般的な答えは、労働組合の影響力の低下は、産業の構造変化の結果のためだというものだった。この見方によると、アメリカ経済では製造業が支配的で、最も影響力がある労働組合はその製造業にあった。たとえば、UAWや、全米鉄鋼労組などである。現在、アメリカは技術革新のため、そして製造品を大量に輸入しているため、サービス産業がその経済の中心となっている。すなわち、産業構図の変化が労働組合の影響力低下の理由だということになる。

しかし、それは違うのである。製造業の重要性は低下したものの、組合員数の低下はほとんど製造業「内」で起こっていて、七三年には三九パーセントだった加入率は、二〇〇五年には一三パーセントにまで落ちている。それに組合は、製造業だけに限るという経済法則は存在しない。それどころか、ウォルマートのような会社は、海外からの競争に直面していないため、製造業の企業よりも労働運動が活発になって当然のはずだ。

では、なぜ、ウォルマートは組合化されていないのか。また、一般的に見て、なぜ労働運動は製造業においてその影響力が低下し、サービス産業では労働運動が発展しなかったのだろうか。その答えは単純で残酷である。六〇年代、企業は労働運動と利害を調整していたが、七〇年代になると経営者側は労働組合に対して攻勢に出たのである。そしてそれは優しい説得などというものではなく、強硬な手段によってであった。労働運動を支持、組織しようとした者は、しばしば不法に解雇された。七〇年代の終わりから八〇年代初頭にかけて、労働運動に賛成した労働者の二〇人に一人は不法に解雇されている。ある推計によると、その数は八人に一人だとさえいわれている。

七〇年代から始まったアメリカにおける労働運動の崩壊は、欧米諸国では他に見られないものである。表4は、アメリカとカナダの鋭い対比を示している。六〇年代、アメリカの労働力はカナダのそれと同程度に組合化されていた。しかし、九〇年代の終わりになると、アメリカの労働組合は民間セクターからほぼ消滅しているが、カナダにおいては労働運動は基本的に変化していない。その違いは、もちろん、政治にあった。アメリカの政治的状況は、組合潰しに都合がいい方向に向かったが、カナダはそうではなかった。

**表4　賃金・給与労働者の組合組織化比率（パーセント）**

| | アメリカ | カナダ |
|---|---|---|
| 一九六〇年 | 三〇・四 | 三二・三 |
| 一九九九年 | 一三・五 | 三二・六 |

つまり、大格差社会を理解するためには、「保守派ムーブメント」がアメリカ政治において、どのようにして力強い勢力に発展したのか理解する必要があるということだ。

# 第8章　格差拡大の政治力学

一九四八年の大統領選挙でトルーマン大統領が勝利して以降、共和党はニューディールの成果を逆転させることはできないと考えるようになり、その努力を放棄した。それに対し民主党は三〇年代と四〇年代に革命を起こした後、徐々に改革を実施する方向に向かった。その結果がほぼ三〇年に及んだ超党派政治であった。共和党が再度その方針を転換すると、超党派の時代は終わり、激しい党派政治が再燃した。今日、民主・共和両党の間に猛烈な対立があるのは、七〇年代の初めに共和党が再度、富裕層に対する課税、そして貧困・中流階層への給付金に反対する党へと舵をきり、その目標達成のためならいかなることでも断行する党になったからである。

党派政治の対立の構図を理解することができたとしても、その原因を理解することにはならない。事実、共和党の右傾化は、二つの大きな謎を投げかけている。第一に、なぜアメリカの大政党が福祉政策を解体しようとするのであろうか。それも格差が急激に広がり、貧困・中流階層への福祉拡大のために富裕層により多く課税しようという機運が高まってもいい時代においてである。第二に、その反大衆的な経済政策にもかかわらず、なぜ共和党はあれほど多くの選挙に勝つことができたのだろうか。

この章では、私は最初の謎を解き明かしたいと思う。第二の謎は次の章に譲ることにする。

## 共和党の過激化

ロナルド・レーガンが「保守派ムーブメント」の最初の大統領だった。レーガンの取り巻きの中には、かつてアイゼンハワー大統領が「小さな分裂グループ」と表現した人々の意見が支配的であった。レーガン政権で行政管理予算局長であったデイヴィッド・ストックマンは、社会保障制度を「押し入れの社会主義」、つまり隠れた社会主義の一例だと考えていた。サプライサイド経済の熱烈な支持者たちは、財務省や他の省で重要なポストを占めていた。彼らは、減税は税収を増大させると信じていた。レーガンはまたニクソンの環境関連の成果を逆転させようと全力を尽くし、環境保護庁の予算とその活動を削減しようとした。レーガン政権の最初の内務長官、ジェイムズ・ワットはキリスト教右派と深い関係を持っていた熱烈な反環境保全主義者で、石炭採鉱のための公共土地面積を五倍にした。自らのスタッフの中に「黒人、女性、ユダヤ人二人、そして身体障害者」がいると公言したため辞任に追い込まれた一件は、当時大きな話題となった。

とはいえ、レーガンが「保守派ムーブメント」の政策を促進する力は、政治的な現実によって限られていた。民主党はレーガン政権を通して下院で過半数を保ち続けていた。共和党はレーガン政権の最後の二年まで上院で過半数を保っていたが、共和党の上院議員の多くは、まだアイゼンハワー・スタイルの穏健派であった。これらの政治的現実がレーガンの政策を穏健なものにしていた。たとえば、彼の取り巻きは社会保障制度の給付金を削減したがっていたが、実際にはレーガンは社会保障制度の予算を増税によって確保することを余儀なくされている。

レーガン以降、共和党は完全に過激化している。たとえば、二〇〇四年のテキサスでまとめられた共和党の綱領を見れば、共和党に忠実な支持者が何を考えているのかがわかる。全国的な党の綱領は少なくとも穏健であるかのように見せかけるものだが、テキサスでは、共和党員は率直であった。その綱領は、財務省アルコール・タバコ・火器取締局（ATF）、公衆衛生局医務長官の地位、環境保護庁、エネルギー省、住宅都市開発省、保健福祉省、商務省、教育省、労働省などを含む各省庁の排除を訴えている。また、社会保障制度の民営化、最低賃金の廃止も提言し、実際、ニューディール政策を完全に無効にしようとしているのである。さらに「保守派ムーブメント」は遺産税の廃止をも訴えている。遺産税は古い制度で、現在の形で導入されたのは一九一六年、連邦税の中では最も累進性が高いものであり、他の税よりも富裕層に重く課税されるものである。

民主党には、共和党のような過激化の動きは見られなかったため、右派による共和党の支配が今日の厳しい党派主義による対立の基本原因であるといえる。だが、「保守派ムーブメント」はいかにしてアメリカの大政党の指導権を掌握し、支配するようになったのだろうか。

## 巨大な陰謀

「保守派ムーブメント」がいかに共和党を牛耳っているかということは、非常に簡単に要約できる。極右派による巨大な陰謀が張り巡らされていて、いくつかの組織が連携し、少数の人々の利害に奉仕しているのである。組織全体で意見の異なる者を罰し、逆に党を支持する者には報いている。忠実な政治家には選挙に勝つための資金を供給し、選挙に負けた場合でも受け皿を用意し、そして公職を辞した後でも高給を得ることができる天下り先を提供している。党の方針に従う政治家には好意的なニュース取材を約束し、敵対する政治家には嫌がらせをし、攻撃を仕掛ける。また、党の方針を支持する御用学者や活動家の大軍を多く支援している。

右派のシンクタンクは、「巨大な陰謀」の最も重要な一部ではないとはいえ、左派にはそのようなシンクタンクは存在しない。ワシントン・ポスト紙には、「シンクタンク・タウン」という連載コラムがあり、一一の著名なシンクタンクによるコラムを掲載している。その一一の中の五つは、「保守派ムーブメント」の組織である――アメリカン・エンタープライズ・インスティテュート、カトー・インスティテュート、ハドソン・インスティテュート、ヘリテージ・ファウンデーション、マンハッタン・インスティテュート、センター・フォー・アメリカン・プログレスだけであり、創設されたのは二〇〇三年になってからである。ブルッキングス・インスティテュートなどの他のシンクタンクは、しばしば「リベラル」派だと言われるが、実際は確固とした政策を持たない、漠然とした中道派なのである。センター・フォー・アメリカン・プログレス以外にも、進歩派のシンクタンクはある。たとえば、センター・オン・バジェット・アンド・ポリシー・プライオリティーズや、エコノミック・ポリシー・インスティテュートであるが、その資金力と人的資源において右派のシンクタンクがクジラだとするなら、それらの進歩派のシンクタンクは小魚でしかない。

七〇年代以降、「保守派ムーブメント」のシンクタンクが増大したことによって、インテリたちはある政策を支持することによって楽な生活ができるようになった。これらのシンクタンクは、裕福な人々の財団によって創設されたものであり、ことに規模の大きいヘリテージ・ファウンデーションやアメリカン・エンタープライズ・インスティテュートは、企業からの巨額な資金援助を受けている。

保守派シンクタンクだけでなく、ジャーナリズムにも似たようなネットワークが存在する。『ナショナル・ジャーナル』、『パブリック・インタレスト』、『アメリカン・スペクテイター』などの雑誌は、「保守派ムーブメント」のシンクタンク同様、保守派の財団によってつくられたものであり、その財団は多かれ少なかれそれらのシンクタンクを創設したものと同様である。また、「保守派ムーブメント」系の新聞もいくつかある。『ウォール・ストリート・ジャーナル』の論説は長年重要な役割を演じてきた。文鮮明の統一教会の支配下にある『ワシントン・タイムズ』は事実上、ブッシュ政権の機関紙だといえる。そして当然、指摘するまでもなくテレビでは、「フェアでバランスの取れた」などといったオーウェル的なスローガンを掲げている保守系のフォックス・ニュースがある。

## なぜ「保守派ムーブメント」は躍進できたのか

党派にかたよった民主・共和党の対立は拡大し続けており、その構造は歴然としている。その原因は共和党がより右に寄ったからであり、右に寄ったのは「保守派ムーブメント」が共和党を乗っ取ったからである。しかし、最後に一つ疑問が残る。つまり、「保守派ムーブメント」が巨大な政治勢力として躍進した決定的な理由は何だったのだろうかということだ。税金が大嫌いな富裕層、規制を嫌う企業、福祉政策を違法だと考えるインテリ層は、つねにアメリカに存在してきた。五〇年代と六〇年代、これらの人々は周辺的な存在で、民主・共和党の双方から変わり者だと思われていた。何が彼らを、アメリカを変えるほどの政治勢力へと発展させたのだろうか。

「保守派ムーブメント」は、自らの躍進を、優れた思想が劣悪な思想に勝利しただけだと思っている。その躍進のドラマはこういうものである。すなわち、「大恐慌」と左翼プロパガンダが、自らの生活を守るためには大きな政府が必要であると思い込ませ、人々を誤った方向に導いた。そして大きな政府は、永続的に肥大化し続ける。だが、ミルトン・フリードマンやロナルド・レーガンなどの勇気のある有志家たちが、政府そのものが問題であり、その解決策ではないことを徐々に共和党に教示した。そしてアメリカの政治に党派主義的な対立があるのは、単に真実の光が見えない人々がいるからだけだという。

だが、この説明の対極にあるのが、拡大しつつある経済格差こそが「保守派ムーブメント」の台頭の根本的な原因であるという理解だ。第1章で私が説明したように、私はそのような観点から本書を書き始めた。その観点とは、カネで影響力を買うことは可能であり、最も裕福だったアメリカのほんの数パーセントの人々がさらに裕福になり、政党を買収できるほどの富を蓄えたということだ。この観点からすると、「保守派ムーブメント」の台頭は拡大する格差の副産物である。

ところが、この仮説には歴史的なタイミングに問題がある。というのは、所得格差が大きく拡大する以前に、共和党の鋭い右シフトが始まっているからである。ロナルド・レーガンが大統領候補になったのは一九八〇年である。それはまだアメリカの富裕層が、平均的な国民と比較してアイゼンハワー時代よりも裕福になっていない時期であった。議会においては、右へのシフトが始まるのは七六年と七八年の選挙においてである。「保守派ムーブメント」の重要なシンクタンクが創設されたのは、七二年ごろである。たとえば、ヘリテージ・ファウンデーションが創設されたのは七一年であった。

だが、他に何かが起こり、共和党の右シフトを促したに違いない。その何かとは、私が思うに、第6章と7章で論じた勢力の登場である。五〇年代後半と六〇年代の初め、「ニューコンサーバティブ」（新保守派）というナショナル・レビュー誌の周りに集まった少数のエリートグループが、戦後のアメリカの穏健な中流階層に不満を抱いていた他派と合流し、重要なムーブメントとして発展していった。猛烈な反共主義者は、「保守派ムーブメント」の中の反共思想に共感を覚え、他の人々が福祉を受けていたことに怒っていた者たちは、政治的にその怒りは正当なものであり、まともなものであることに気づいた。労働組合に対して反感を持っていた経営者たちは、その不満を政治的な行動に移すことができる政治勢力があることを知った。

その勢力の合流は、バリー・ゴールドウォーターを大統領候補に選出するまでに強力な勢力に成長した。ゴールドウォーターは、地滑り的な大敗を喫したが、「保守派ムーブメント」はその活動を続け、そして学んでいった。レーガンは「保守派ムーブメント」に、いかにエリート主義者の経済思想を大衆受けする政治レトリックに転換させるかを教えた。ニクソンは「保守派ムーブメント」の一員ではなかったものの、いかにアメリカ社会の暗部——文化的・社会的な怒り、国内外の安全に対する不安、そして何もまして人種問題を選挙のために悪用できるかを示した。

この人種問題が決定的であった。極右的な立場を選挙に勝利できる戦略に変えることができたことで、巨額な資金が流れ込み、「保守派ムーブメント」のいくつもの組織が誕生することになった。つまり、今日、われわれが「右派による巨大な陰謀」と呼んでいるものが誕生するのである。

だが、これはこの章の初めですでに指摘した疑問に突き当たることになる。なぜ、福祉の削減と、税率の逆累進政策を唱える政治家が選挙に勝利することができたのだろうか。所得格差は拡大し続けているため、福祉政策はより大きな支持を集めても当然ではないだろうか。この点が次章の主題である。

減税を促進するのと同時に福祉を削ろうとすると政策は元来、広範な大衆の支持を得ることは難しい。減税、特に「保守派ムーブメント」が欲するようなものは、人口のほんのわずかな人々にしかその恩恵が届かないばかりか、社会のセイフティーネットの弱体化による痛みは人口の広範囲に及ぶ。組織やカネの力で保守派の不人気な政策の穴埋めをすることはある程度できるが、選挙に勝つためには、「保守派ムーブメント」が何らかの方法で争点をすり替える必要がある。

現実に何が起こったかというと、投票が階層別に分かれる傾向が年々強まってきているということである。弱まりつつあるのではない。共和党の変化を考えれば当然のことなのだが、五〇年代と六〇年代、共和党はニューディール政策の果実を受け入れた、アイゼンハワー大統領の「現代の共和党主義」を模範とする政治家たちによって運営されていた。当時、共和党候補に投票するか、自らを共和党の支持者だと考える高所得の白人たちは、低所得の白人よりもわずかに多かっただけだった。しかし、「保守派ムーブメント」が共和党を牛耳ってからというもの、階層による鋭い分裂が生じるようになった。富裕層はますます共和党に投票するようになり、南部州以外の低所得層の白人たちは、実際のところ民主党に投票する傾向が半世紀前よりも強くなった。

とはいえ、大多数の有権者に不人気な政策にもかかわらず、「保守派ムーブメント」が選挙に勝利することができたのは、他に「何か」があったからに違いない。その「何か」に答えるためには、保守派が利用してきた経済以外の問題について触れなければならない。それはつまり、アメリカの人種問題である。

## フィラデルフィア

道行く男女にロナルド・レーガンの名から何を連想するかと尋ねれば、たぶん「減税」、または「共産主義を打ち負かした」と答えるに違いない。だが、レーガンは大統領への道のりを、経済や外交政策について演説することから始めたわけではなかった。一九七六年の共和党の大統領指名レースで、レーガンはシカゴで起こった福祉詐欺事件を大袈裟に誇張し、「福祉女王」という単語を考え出し、広めた。彼はその女性の肌が何色であったか指摘しなかった。その必要はなかったのだ。また、レーガンは一九八〇年の大統領選をミシシッピ州、フィラデルフィア近くの集会所で、州政府の権限についての演説で始めている。六四年、その近辺の町で三人の公民権運動家が殺害されていた。そこでレーガンが演説した暗黙のメッセージを理解できなかった者はいなかった。

過去三〇年間のアメリカ政治の変化について、そして共和党の躍進と民主党の後退の原因について語られてきた多くのことを考えると、実際に何が起こったのかをこれほど短く要約できるというのは驚きである。つまり、南部州の白人たちが共和党に投票し始めたのである。

この政治的な変遷について論じる前に、まず歴史的にこの問題を展望してみると、アメリカは長年、他の先進諸国に比べて政治的に右に寄っていた。一九世紀以来、アメリカはヨーロッパよりも福祉政策支出は対GDP比でかなり少なかった。一九三七年までにヨーロッパ諸国はすでに、その経済規模と比較して、メディケアとメディケイドが創設された後の一九七〇年のアメリカよりも福祉プログラムのために多くを拠出していた。

この違いは何に由来するのだろうか。三人のハーバード大学のエコノミスト——アルベルト・

アレシナ、エドワード・グレイザー、ブルース・サセルドーテは、アメリカが長年、他の先進諸国と比較して例外的である最大の理由はたぶん人種問題にあると指摘している。

人種的な争いは貧困層についての考え方を決定するのに重要な役割を演じる。アメリカの最貧困層には少数派の人種が非常に多いため、いかなる所得再分配もその少数派に分配されることになる。所得再分配の反対者は、人種差別的なレトリックを用いて、左派的な政策と戦ってきた。各国において、人種の分裂は所得再分配を理解する上で重要な指標となる。アメリカにおいても、福祉に対する支持を計る指標として最も重要なものが人種であり、困難な人種問題こそが、明らかにこの国が福祉国家ではないことの大きな理由である。

人種問題がいかに福祉政策に影響を与えたかは、各州を比較すれば明らかである。ハーバード大学の三人のエコノミストによると、州の人種的構成とその政策の間には強い関係があるという。黒人比率が高い州では、一人当たりの社会福祉支出は低い。アフリカ系アメリカ人が北部に移住し、地方との所得格差が縮まりつつあるとはいえ、南部州には他の州よりも黒人が多く、貧しいことを反映しているといえる。

南部州は長年、貧しい地域であり、他の州よりも福祉政策の恩恵を受けていた。それに歴史的な問題があった。南部州の人々の記憶の中では、共和党とはリンカーンの党であった（訳注／リンカーン大統領は奴隷制度に反対し、南北戦争を戦い、南部州に勝利している）。それに北部のリベラル派は、福祉政策を実施する代償として南部がジム・クロウと呼ばれる黒人差別制度を維持することに暗黙の了解を与えていた。だが、時が経つにつれ南部州の白人と民主党の関係は、修復しがたい違いのために崩壊していった。一九八〇年になると、レーガンは言葉巧みに人種差別的な感情に訴えることで南部州において勝利することができたが、それに対し民主党は以前よりも公民権運動や、アファーマティブ・アクション（訳注／積極的な人種・性別・障害者差別の是正策）と深い関係にあると見られ続けてきた。

## 「悪の帝国」と「悪人たち」

敗北を認めることは、つねに難しい。第一次世界大戦後、多くのドイツ人は、自国の軍隊が戦争に負けたのは、文民の弱い政治指導者によって「背後から刺された」ためだという匕首《あいくち》理論を信じるようになった。アメリカ人も、サイゴンが陥落した後、第一次世界大戦後のドイツ人同様、匕首理論を受け入れるようになる。つまり、文民がアメリカ軍の手を縛らなかったなら、ベトナム戦争に勝てたはずだという俗説である。

このような理屈がアメリカで主流になった時期を特定するなら、それは映画『ランボー』の成功においてである。映画の中でランボーは、「俺は勝つために戦った。だが、誰かがそれを邪魔したんだ」と吐き捨てるセリフがある。また、「空港で俺に唾を吐いて抗議して、俺を人殺し呼ばわりした嫌な連中」にも毒づいている。この映画の影響で、海外から帰国する兵士に対し人々が唾を吐くというイメージがアメリカの大衆文化の中に根づくようになる。実際にそのようなことが起こったという証拠はないものの、リベラルな人々が兵士に対し無礼であるという俗説は、アメリカ人の心の中に焼きつくことになる。

この匕首理論の後に出てきたのが、復讐の空想である。『地獄の七人』（八三年）、『地獄のヒーロー』（八四年）、『ランボー／怒りの脱出』（八五年）などの映画は、反抗的な兵士がベトナムに舞い戻り、戦争をまた戦い、勝利するのであるが、そのようなストーリーがアメリカ人の空想を捉えることになる。『ランボー／怒りの脱出』では、前作の精神的に傷ついていたベトナム帰還兵をアクションヒーローとして登場させて成功している。

この新しい好戦的なムードは、明らかに保守派にとって有利に働いた。レーガン大統領がソビエト連邦を「悪の帝国」と呼ぶと、リベラルと穏健派は嘲笑した。それは彼らが安全保障政策に弱いからではなく、安全保障政策を実現するための負担が割に合わないと思ったからだ。しかし、多くのアメリカ人は、レーガンの発言に大喜びした。

安全保障政策が選挙の真の争点になったのは、二〇〇二年と二〇〇四年であった。ビジネス・スキャンダル、経済の不振、そして中間選挙では大統領の党が敗北することが多いということも加わり、〇二年の選挙で共和党が敗北しても不思議ではなかった。ところがアメリカ国民は、九・一一事件の「悪人たち」を罰し、オサマ・ビンラディンを逮捕すると約束したブッシュ大統領を支持したのである。

二〇〇四年の選挙になると、イラク戦争に関する疑問が増大しつつあったものの、選挙民のほとんどは現実を否定し続けていた。多くの有権者は、アメリカがイラクに侵攻したことは「正しいこと」で、勝利に向かっていると思い込んでいた。安全保障が選挙の争点となったことで、ブッシュは大統領に再選できたといえる。

とはいえ、ブッシュの〇二年と〇四年の勝利は必然的に限定的か、ないしは自ずと失敗する戦略であった。アメリカが大きな戦争に積極的に関与し続けないかぎり、安全保障は争点として後退していく傾向にあるからだ。父親のジョージ・ブッシュ大統領は、九二年にそのことについて学んだ。九一年の湾岸戦争後、彼の支持率は一時的に八〇パーセントにも達したが、一年後には国民の注意は経済問題に移り、国防政策に弱いと思われていたにもかかわらず、民主党が政権を奪取している。

同じようなことが当初、息子のジョージ・ブッシュにも起こるのではないかと思われた。二〇〇二年の夏になると、彼の高い支持率は下降傾向をたどり、国民の注意は企業スキャンダルと経済の不振に移っていった。その後何が起こったかというと、イラクとの戦争である。ブッシュ政権が、なぜあれほど熱烈にイラクとの戦争を欲したかを正確に知ることは永久にできないかもしれないが、軍事的な冒険主義は安全保障政策を国の最重要課題とし続ける効果があった。

問題は後に歴然となるのだが、国民の注意を安全保障問題に釘付けにしておくということは、喧嘩を買ってくれる人々に売らなくてはならないということだった。そして現実の世界では、「悪人たち」の銃の命中精度は、『ランボー』に出てくる悪人たちのそれよりも高いのである。

## 少数派のモラル

キリスト教右派は、共和党に対しどの程度の影響力があるのだろうか。その答えは簡単である。

右派は非常に強い影響を誇っていて、実際、政治アナリストたちがその影響力に気づくのには驚くほど長い時間がかかった。

二〇〇七年春、ブッシュ政権がいかに司法省を操っているか、やっとのことで詳細な調査が行なわれ、重要なポストがキリスト教右派によって牛耳られていることが明らかになった。重要なポストのいくつかがプロテスタント保守派の伝道者、パット・ロバートソンが創立したリージェント大学の卒業生で占められていた。また、同省の公民権局は少数派の権利を守ることから、宗教を伝道する権利を守ることにその任務が変わっていた。

ここで問題にしているキリスト教右派とは、宗教と保守的な政治志向を兼ね備えている一派のことではない。ミシェル・ゴールドバーグがその著書、『キングダム・カミング』で指摘しているように、キリスト教ナショナリズムは、「支配権（dominion）」を求めているのである。それはキリスト教右派が支配する権利を強く主張する「全体主義的な政治イデオロギー」である。現代の共和党に対するこのイデオロギーの影響は、今日あまりにも大きいため誰が誰を利用しようとしているのかという問いが起こるほどである。「保守派ムーブメント」が宗教を利用して大衆を欺こうとしているのか、それともキリスト教右派が企業の利益に寄り添うことでその支配を確立しようとしているのかということだ。

キリスト教右派を熱烈に支持している有権者は、接戦の選挙で勝敗を決するのに決定的な役割を演じるだろう。その組織票があったからこそ、二〇〇四年の大統領選挙で民主党候補だったジョン・ケリーはオハイオ州で敗北したのであり、そのことによって大統領の椅子を失ったとさえいえるのである。とはいえ、保守派の政治的成功を説明するのに、宗教は人種ほどその重要性は高くないといえる。

## 選挙権を剥奪された労働者たち

さらに保守派の政治的成功を説明するための一つの要素として挙げなければならないのは、アメリカの典型的な投票者は、典型的な居住者よりもかなりいい暮らしをしているということだ。低所得層は投票に行かない傾向にあるからでもあるし、低所得居住者の多くがアメリカ市民ではないからでもある。これは、裕福な少数に恩恵を与え、その他多数には損になるような経済政策も、選挙という土俵では政治的に勝ち目があるということだ。

ある調査データによると、投票者の所得は、全居住者のそれと比較して、一九七〇年代以降かなり上昇しているという。ひとつの理由は、以前は労働者階級の選挙民を動員していた労働組合の影響力が低下したこと。そしてもうひとつが、ことに一九八〇年代以降、移民人口が急激に増加したことである。

長期的に見て、移民問題は「保守派ムーブメント」の政治戦略を弱体化させるはずだ。この点については、次の第10章で詳細に説明するが、簡潔に言えば、「保守派ムーブメント」が言葉巧みに白人の有権者に対し人種的なアピールをしながら、同時に増大するアジア系・ヒスパニック系の有権者の票を獲得することはできないからである。実際、二〇〇六年の中間選挙では、移民と人種は共和党にとって大きな問題となっていた。しかしながら、過去二五年間、移民は低所得層の有権者数を下げることで「保守派ムーブメント」の躍進を助長させてきた。

一九六〇年代からの移民の増大――そのほとんどがメキシコからの未熟練の低所得労働者だが、その流入は「金ぴか時代」と同程度の選挙権を持たない労働者層をつくることに繋がった。低所得層の投票率が低いのは、大量の移民流入が大きな原因であるが、その圧倒的な要因ではない。また、それは「保守派ムーブメント」の成功を支えてきた原因だが、その中心的な要因ではない。とはいえ、リベラル派が移民改革を考える際、この低所得層の選挙権問題を熟慮する必要があるはずだ。

投票を阻止せよ

最後に避けて通れない問題は、投票における不正行為の問題である。「保守派ムーブメント」は、どの程度不正行為によって選挙に勝利してきたのだろうか。「どうしてそんなことを聞くんだ?」といった抗議の声が上がるかもしれない。だが、私が「金ぴか時代」の政治について論じた際に指摘したことだが、選挙における不正行為は古くからのアメリカの伝統であり、「保守派ムーブメント」はこれまでも、これからもつねに非常に非民主的であり続ける。一九五七年、ナショナル・レビュー誌は、スペインのフランコ将軍を「国家的な英雄」として称賛した。フランコ将軍といえば、国民によって選ばれた政府を倒し、恐怖政治によって国を統治した人物である。二〇〇七年、保守政治行動委員会において、ジョン・マケイン以外の共和党の大統領候補が演壇に登った。マサチューセッツ州知事であったミット・ロムニーは、演説した後に次の講演者であるコラムニスト、アン・コールターを紹介した。その際、彼女は「リベラル派に対する恫喝」が必要であると訴えた。それも言葉だけではなく、行動による脅迫である。これまでの言動から察して、ムーブメントの指導者たちが不正行為によって選挙に勝利することを躊躇するとは考えられない。

実際、自分たちに都合の悪い票は投じさせないというのが、「保守派ムーブメント」が共和党を牛耳ってからの常套手段である。つまり、民主党に票を投じようとする者たち――通常アフリカ系アメリカ人だが――をいかなる方法を用いても投票させないようにするのである。ニューヨーク・タイムズ紙によると、二〇〇〇年、フロリダの共和党州幹事長のキャサリン・ハリスは「有権者の大量追放」を行なったという。それらのほとんどは黒人で、重罪犯として誤って追放されたのである。その大量追放がなければ、ブッシュは大統領選に勝つことはできなかっただろう。

だが、真に恐ろしい疑問は、選挙での不正行為が投票を邪魔するだけにとどまらず、投票集計そのものの不正にまで及ぶ、ないしは及んでいたのではないかということである。最大の懸念は、タッチスクリーンの電子投票機である。二〇〇七年八月、カリフォルニア州はこのタッチスクリーンの電子投票機の使用を全面的に禁止している。カリフォルニア大学の研究者たちの検査結果によると、電子投票に関する最悪の懸念が事実であることが確認されたからである。ディーボルト社、セコイア社などの大手メーカーの機器は、選挙結果を変えてしまうことができる不正侵入に対して非常に脆弱であることが判明したのだ。このことは――私はここで答えは出さないが――二〇〇二年、〇四年、そして〇六年の選挙においても電子投票で不正があったのではないかという疑問を生じさせる。

さらに憂慮すべきは、次章で議論するリベラル派にとって有利な政治的トレンドが、増大する選挙の不正行為によって相殺されてしまうのではないかということである。「保守派ムーブメント」のこれまでの歴史を考慮するなら、そのような懸念は、クレイジーな陰謀説だとして容易に片づけられないことは明らかなはずだ。

# 第10章　平等で格差のない政治

世論調査などでかなり以前から予測されていたものの、二〇〇六年の中間選挙における民主党の勝利は、多くの人々にとって衝撃であった。多くのアナリストたちは、共和党の圧倒的な優位は揺ぎないものだと信じ込み、実際にそう発言したり、書いたりしていた。私の本棚には、二〇〇五年から〇六年に出版された、共和党の圧倒的な優位を説く本がたくさん並んでいる。それらは率直な驚きや勝ち誇った口調で、また場合によっては諦めた調子で、いかに共和党の組織が民主党よりも優れているか、その支持者が熱心か、資金が潤沢か、いかにアメリカの安全保障政策を牛耳っているか、そしていくつかの報告にもとづき、選挙を不正に操作する力さえあることを論じ、共和党は無敵だと書き立てた。共和党が権力を完全に掌握していると信じ、世論調査が示していたこと――アメリカの有権者が共和党にうんざりしているということ――が信じられないでいたのだ。

選挙結果が判明した後でさえ、メディアは現実を受け入れることを明らかにためらっていた。選挙後の数カ月間、多くのメディアの分析は、次の二つのいずれか、またはその双方を力説していた。つまり、選挙結果は民主党の辛勝であった、ないしは民主党議員が保守派に鞍替えしたから当選したのだという説明である。最初の説明は完全に間違いであり、次のものはほとんど間違っている。

だが、民主党の勝利と議会が左にシフトしたことは、何を意味しているのだろうか。それは特に無能で愚かなブッシュ政権がもたらした、まったく例外的な出来事だったのだろうか。それとも根本的な政治の再編成だったのだろうか。

確信を持って断言することは誰にもできないだろう。しかし、この章で私は、二〇〇六年の選挙結果は例外ではなかったと議論したい。アメリカ国民が実際に求めているのはまったく異なる政治、つまり平等で格差のない政治である。しかし、この新しい政治は、そうなるべくして実現するものではない。それはリベラルな政治家が、その機会をものにして初めて実現するものなのだ。

## 格差は「痛い」社会問題だ

「一般的に、あなたはアメリカの現状に満足していますか、それとも不満足ですか」という、二〇〇七年六月のギャラップ世論調査に対して、満足だと答えたのはわずか二四パーセントで、残りの七四パーセントは不満足だと答えた。私がこの原稿を書いている二〇〇七年の夏、アメリカ人は自国の方向性に大きな不満を抱いているのである。

その不満の多くは、イラクの泥沼から抜け出せないことと関係している。しかし「アメリカの経済状況をどのように評価しますか」という質問に対して、「非常に良い」、ないしは「良い」と答えたのはわずか三分の一程度だった。九〇年代後半、そう答えた回答者数はその二倍もあった。

誰かに責任をなすりつけたい保守派は、メディアはイラク同様、経済についても明るいニュースを報道していないと非難した。さらには、イラク戦争に対する嫌悪が他の問題についての一般の市民感情にも悪影響を与えていると主張した。だが、ベトナム戦争さなかの一九六八年は、ベトナムでのテト攻勢（訳注／北ベトナム側による南ベトナムへの大軍事攻勢）や、大規模な反戦デモの頻発、社会が崩壊しつつあるといった危機感などの悪条件にもかかわらず、その年の消費者信頼感指数は二〇〇七年の夏よりもはるかに高かったのだ。

このことが示唆しているのは、アメリカ社会の一部に対する幻滅が、経済全体に対する認識を変えるには限界があるということだ。すなわち、経済に対する見通しの暗さは、戦争に対する不満の単なる反映であるとは言えないのである。そしてもう一点、きわめて重要なことがある。経済への不満にはれっきとした理由が存在するということだ。つまり、ＧＤＰの伸びなど経済全体は成長しているにもかかわらず、格差が拡大しているために、その恩恵は一般の労働者にまで波及していないということである。

今日の経済全体の成長と、平均的アメリカ人の収入のギャップは、私の知るかぎり、近代アメリカ史上前例のないものである。不平等と格差は、「長期の金ぴか時代」においても大きかったが、当時この格差は固定されていたため、経済が成長するにつれ、ほとんどの労働者の生活レベルも着実に上向いていると考えられていた。

一九七三年に終わりを迎えた戦後の経済成長は、社会の広範囲に行きわたっていた。格差が広がりつつあった七〇年代の終わりでさえ、その恩恵はほとんどのアメリカ人に及んでいた。八〇年代に入っても格差は広がっていたが、八二年以降の経済成長は、八四年にレーガン大統領が

「アメリカの夜明け」を宣言し、八八年にジョージ・ブッシュが大統領に初当選するほど強固なものであった。九〇年代を通して格差は拡大し続けたが、九〇年から九二年の不景気から回復すると、一般国民の景況感は劇的に向上している。

ところが今日、経済全体は成長しているものの、賃金と所得中央値が停滞していることは歴然としているため、一般国民の景況感は通常の経済指標の上昇とはもはや無関係だとさえいえる。つまり、二〇〇一年以降、すでに第7章で比喩的に指摘したように、「バーに入ってきたビル・ゲイツ」現象が起きているのである。億万長者たるビル・ゲイツがバーに入ってくれば、その場にいる人々全体の平均収入は上がるだろうが、だからといって一人ひとりの平均収入が上がるわけではない。したがって経済指標の平均値が上昇したとしても、ほとんどのアメリカ人にとってそれはほぼ無意味なのである。

比喩を使わないで言うなら、企業の収益は現在、GDPに対する比率で一九二九年以来最も高い水準に達しており、そしてそのトップ経営陣の収入も上昇しているというのに、ほとんどの労働者の賃金はかろうじてインフレ上昇率に追いついているというのが実情である。それに加えて、とりわけ医療保険制度（これについては第11章で詳述）の崩壊によって不安が高まっていることを考えるなら、経済状況に対して多くのアメリカ人が悲観的になるのもまったく無理もないことだといえる。

世論調査の結果を見ても、格差が拡大しているという現状をアメリカ国民は十分に認識していて、政府が何らかの政策を実施することを支持している。世論調査機関のピュー・リサーチ・センターによる大規模な世論動向調査も、貧しい人々はさらに貧しくなっている一方で裕福な人々はさらに裕福になり、政府には援助を必要としている人々を助ける義務があり、そしてすべての国民は十分な食料と住むところが保障されなければならないと考えるアメリカ人の割合は、九〇年代初頭以降最も高い水準に達していることを示している。これらはすべて格差、そして／あるいは経済的不安を大胆に政策に反映させる機会が到来したことを示しているといえるはずだ。

とはいえ、現在の世論動向が九〇年代初頭のそれに似ていることは警戒しなければならないだろう。結局のところ、経済に対する国民の不満が、九二年にビル・クリントンを大統領に当選させたのである。しかし、クリントン大統領の医療保険制度改革——この点については第11章で詳細に論じるように、改革政策の中核をなさなければならない——は完全に失敗に終わっている。立法化の失敗に続いたのは選挙における敗北であり、九四年の選挙の勝利によって共和党は議会を支配下に置くことになった。すなわち、ここで歴史はまた繰り返すのかという疑問が生じているのである。

だが、そうはならないだろうし、また少なくともそうならなくてもいいと信じる理由はいくつかある。

まず、クリントン大統領の医療保険制度改革の失敗は、今から振り返ってみても、到底不可避といえるものではなかった。国民と議会に対してもっと強固なリーダーシップとコミュニケーションを発揮していたなら、クリントン大統領は国内政策の大きな成果を引っさげて九四年の選挙に臨むことができたはずなのだ。クリントン大統領の最初の試みが頓挫した後も、穏健派の民主党と共和党の議員が保険未加入者の八五パーセントを対象とする妥協案を提示したが、ヒラリー・クリントンがその申し出を拒否した。

さらに重要なことは、現在の経済に対する不満は九〇年代初頭とは異なり、そう簡単には他の問題によって忘れ去られるものではないということだ。九二年、アメリカ人が経済に悲観的であったのは、失業率が七パーセントを上回るなど、景気全体が落ち込んでいたからである。しかし、いったん経済が回復すると、経済問題はほとんど人々の関心をひかなくなった。それに加えて、多くの人々が医療保険手当が支給されている職に就いたため、医療保険制度改革への圧力は弱まっていった（関心が薄れた第二の理由は、九〇年代を通じてＨＭＯ（訳注／健康維持機関、会員制健康維持組織と呼ばれる民間医療保険のひとつ）が医療費を抑えていたことであるが、この点については第11章で論じる)。

しかし現在、何年にも及ぶかなりの経済成長にもかかわらず、失業率は過去最高水準に近く、アメリカ国民は自分の収入や経済状態について不安を抱いている。労働者のための何らかの政策の実施を求める声は弱まるどころか、さらに強まっていくだろう。

また、違う変化も起きている。アメリカ社会の長期的なトレンドとここ数年の出来事の双方によって、「保守派ムーブメント」は国民の目を他にそらすことができなくなっている。つまり、彼らが特権階級に属しているという現実を覆い隠し、国民の注目を他にすり替えることができなくなっているのだ。その大きな変化とは、ブッシュ政権が右派勢力の安全保障面での外交的威信を傷つけたことである。

## イラクと新しい安全保障政策

ジャーナリストのクリス・ヘッジズが二〇〇二年に出版した『戦争の甘い誘惑』で指摘しているように、超インフレと経済崩壊を招いた一九八〇年代初頭のアルゼンチンの軍事政権ですら、フォークランド諸島に侵攻し、イギリスと無意味な戦争を始めた際、つかの間だが国民の人気を集めたという。九・一一テロ事件後のジョージ・W・ブッシュ大統領の非常に高い支持率も、アルゼンチンと同じような愛国主義的な背景があったといえる。その政府がいかに無能で腐敗していて、その戦争がいかに愚かであろうとも、開戦当初における国民の支持率は急上昇するものだ。

とはいえ、それが民主党の大統領であったなら、ブッシュ大統領ほどの大きな支持を得ていたかどうかは疑わしい。レーガンと父ブッシュの時代、共和党は民主党よりも安全保障政策に強いという評判を確かなものにした。その評判がはたして正当なものであったかはここでは問題ではない。要はその評判に九・一一事件がうまい具合に重なったということだ。ブッシュ大統領は事件が起こる前からテロの警告を受けていながらそれを無視したのではないかという疑問は脇に追いやられた。アフガニスタンにおける当初の成功は、ブッシュ政権の大きな外交的成果として評価されたのである。あたかも第三世界の内戦に介入して貧弱な現地政権を交代させたことが、第二次大戦中、英米連合軍がナチスドイツ占領下のフランスに上陸し、ヨーロッパ大陸進撃を開始したDデイに匹敵する偉業であるかのように。オサマ・ビンラディンがアフガニスタンとパキスタンの国境に広がる山岳地帯のトラバラ地区に潜んでいたのに逃がしてしまったといったことは、些細なことだとして看過されてしまった。

通常なら第一次湾岸戦争同様、安全保障上の問題は、徐々に国内政治の重要課題に取って代わられていく。だが、ブッシュ大統領と彼の取り巻きは、国民の戦争心理を長続きさせる方法を編み出した。いかにアメリカ国民をイラク戦争へと駆り立てたのか、その手口はほぼ明白である。都合のいい情報だけを選択し、イラクと九・一一テロ事件を結びつけ、それを政治レトリックとして演説などで繰り返し使ったのだ。

だが、なぜブッシュ政権が九・一一事件と関係がない政府を攻撃したのかは、それほどはっきりとはしていない。それでもほぼ確かなことは、イラクを攻撃することで得られるだろう国内政治面での成果が、アメリカをこの局地的な戦争に駆り立てるのに十分だったということである。今では悪名高い「任務完了」という大きな横断幕が張られた空母にブッシュ大統領が軍用機で着艦し、イラクでの大規模な戦闘の終結を告げる演説を行なうという派手な演出が、あの戦争が何であったかを見事に物語っていたといえるだろう。

イラク戦争は、驚くほど長期にわたってブッシュ大統領に有利に働いた。大量破壊兵器は発見されず、またアメリカ人の死傷者も増大していったにもかかわらず、大多数のアメリカ人がイラク侵攻は間違いだったと考えていることが世論調査に反映されるまでには、戦争開始から二年以上もかかった。

しかし、今日に及んでは、国民がイラク戦争に対し嫌悪感を抱いていることはアメリカ政治を論じる上での共通認識となっている。このような認識は長続きしないかもしれないが、本書が問題にしているのは、イラクの大失敗がアメリカの政治を長期的に変えることができるか否かということである。私はできると考えている。

理想的には、今回のイラクでの失敗を教訓として、戦争に勝ちたいのなら、「保守派ムーブメント」に任せるべきではないという結論に国民が達することである。その任に適しているのはリベラル派か、少なくともアイゼンハワー元大統領のような共和党員だ。イラクでの失敗は不可避であったかもしれないが、アメリカが勝つ可能性がいかにわずかなものだったとしても、「保守派ムーブメント」に固有の過ちによってその可能性は消え去った。特筆すべきことは、ブッシュ政権の超楽観主義と、戦費をできるかぎり抑えようとして最小限の地上部隊で戦おうとするその姿勢だ。それは言うまでもなく、戦時下でさえも減税を行なうというブッシュ政権の政策から導き出されたものである。戦争にはリスクが伴い、カネがかかるものだと率直に認めていれば、アメリカ国民に犠牲を分かちあうよう呼びかけることもできたはずだ。

忘れないでほしいのだが、両大戦中、富裕層に対する税金は引き上げられ、そのことによって経済格差は縮小したのだ。だが、ブッシュ政権は、格差をさらに拡大する国内政策のために戦争を利用したのである。彼らのシナリオは電撃作戦、凱旋パレード、そして再度の減税実施というものだった。これはすべてが順調に運ぶと前提し、実際はそううまくはいかないだろうという軍事専門家の警告を無視することで成り立つシナリオであった。

それに加えて、「保守派ムーブメント」の大きな特色である身びいき体質が、イラク再建失敗の主な原因となった。重要な仕事は、経験がなくともムーブメントに忠誠な支持者に与えられたのである。政治的なコネで職を得た請負業者のデタラメな仕事——たとえば、新しい警察部隊のトレーニングセンターは天井から排泄物が漏れてくるような杜撰な出来栄えであった——は、罰せられることはなかった。

すでに述べたように、「保守派ムーブメント」はこの国を守れないということを、イラクでの経験からアメリカ国民に学んでほしいというのが私の理想である。少なくともイラクでの失敗は、長期間、保守派が好戦的な態度とタフな言動によって選挙に勝つことができなくなるよう作用すべきである。有権者はブッシュ政権下で何が起こったのか記憶に留めておくべきである。あのタフな口調と虚栄を張ったポーズが、不必要で悲惨な戦争にアメリカを陥れたのである。もし国民が忘れるようなことがあれば、リベラル派がそのことを思い出させればいい。そうすれば「保守派ムーブメント」の他の政治家が、ブッシュ大統領が二〇〇二年と二〇〇四年に行なったようなこと――安全保障政策を悪用して、その基本的にエリート主義的で反大衆的な政策から国民の目をそらすこと――は、当分の間はできないに違いない。

そうは指摘したものの、国民の目が安全保障問題に注目していない時期ですら、「保守派ムーブメント」は繰り返し選挙に勝利してきた。選挙でその強さを維持できた最も重要な要因は、人種問題であった。つまり、黒人に対する白人の恐怖を言外であろうと煽ることで、白人層の票を獲得してきたのである。その選挙での強さは衰えていない。しかしながら、この人種問題が徐々にその重要性を失いつつあると考えられる説得的な理由がある。

## 人種問題のトゲは失われつつあるのか

二〇〇二年、ルイ・テシーラとジョン・ジュディスが著した『台頭する民主党の多数派』という本は、ケヴィン・フィリップスによる一九六九年の『台頭する共和党の多数派』に対抗して書かれたものだった。フィリップス同様、『台頭する民主党の多数派』も、問題を人口構成比のトレンドから論じているのだが、昨今のトレンドは民主党に有利に働きつつあると指摘している。

二〇〇二年と二〇〇四年に共和党が勝ったために、その主張は間違っているかに見えたが、二〇〇六年の選挙結果でその主張は息を吹き返した。二〇〇七年に書かれた記事の中でテシーラとジュディスの両氏は、「九・一一テロ事件に対するブッシュ政権の対応のおかげで共和党は復活したが、二〇〇六年の選挙結果はその終わりを告げるものであった。そしてそれは、アメリカの政治と人口構成比のトレンドが、民主党寄りの中道左派が多数派になる方向へと向かっていることを意味していた」と、書いている。

この意見に私もほぼ賛成である。だが、私の意見はより露骨でより身も蓋もないものである。私の見るところ、「保守派ムーブメント」の成功にとって不可欠であった、公民権運動への反発を基礎とする政治は、二つの理由でその勢いを失いつつある。それはすなわち、アメリカの白人人口が減少していること、そして多くの（だが、すべてではない）白人が人種差別的ではなくなってきていることである。

ここで私がいう「白人」とは、「ヒスパニックを含まない白人」のことである。一九八〇年には全人口の六・四パーセントだったヒスパニック人口は、二〇〇〇年には一二・五パーセントに急増しており、アメリカの人種構成比変化の最大の理由となっている。アジア人の人口も急増しているが、その増加は低い水準からのもので、一九八〇年の一・五パーセントから二〇〇〇年には三・八パーセントに増えている。ヒスパニックに関しては出生率が高いことも一因となっているが、この二つのエスニック・グループ人口が増えている理由は、おもに移民である。

政治への直接的な影響ということでいえば、移民の増加は、低賃金労働者から仕事を奪うことによって、政治のバランスを右へとシフトさせる。低賃金の移民労働者が労働力の多数を占めるようなら、雇用の機会均等を推進する政策によって最も得をする移民は投票せず、失うものが最も大きい白人が投票するだろう。とはいえ、これだけならアメリカの人種人口比の変化は、保守派を利しリベラル派を不利にする一要素にすぎない。だが、問題はそこで終わらない。

新しい移民たちは白人ではない。少なくとも、アメリカで生まれ育った白人層からすると白人ではないのである。重要なのはまさにこの点だ。私が強調したいのは、この事実はアメリカにおける人種をめぐる政治と絡み合うことで大きなうねりをつくりだし、最終的には「保守派ムーブメント」の最も強力な政治的武器を奪うことになるだろうということである。

このうねりを理解するためには、「保守派ムーブメント」を支持する人々にとって移民問題が根深い不和をもたらす問題であることをまず頭に入れておく必要がある。ビジネス界は移民の流入に賛成である。なぜなら、安く豊富な労働力は彼らにとって歓迎すべきものだからだ。しかし、人種問題に敏感で、ムーブメントの成功にとって不可欠な有権者たちは、移民ではないアメリカ人を好む。ジョン・ジュディスは、共和党支持で移民に反対する有権者のプロフィールを次のように描いている。

彼らは反体制文化《カウンターカルチャー》と人種差別廃止に反発して一九七〇年代から八〇年代に共和党支持者になった白人労働者層の有権者に酷似している。その典型は、太平洋側ではない西部、中西部、南部出身の熱烈なプロテスタントの白人で、大卒資格を持たない低所得者層である。彼らは、通常、移民たちから離れた小さな町や地方に住んでいて、自らを「保守派」だと考えている。

移民が増えた結果、「保守派ムーブメント」内で移民政策に関して激しい分裂が生じ、それはさらに政治の世界に影響を及ぼしている。今日の共和党の重要な一派が激しく反移民であるというあからさまな現実は、白人ではない移民たちを民主党へと引き寄せているのである。

これはすでにカリフォルニアで起こっている。元州知事であったピート・ウィルソンは一九九四年、不法移民問題を選挙の重要な争点にすることで逆転勝利を収めた。しかし、続く数年間で、カリフォルニアのヒスパニック系移民は圧倒的に民主党を支持するようになり、州の政治をきわめてリベラルな方向へと動かした。あのアーノルド・シュワルツェネッガーの州知事選でさえその状況はほぼ変わらなかった。シュワルツェネッガー候補は、当選するためにはアイゼンハワー元大統領の現代版のような共和党員にならなければならないことを早い時期に悟った。そのため彼は、ニューヨーク市長のマイケル・ブルームバーグ同様（最近、無所属であると宣言）、事実上の民主党員だとしばしば見なされるほど民主党寄りになった。

換言するなら、「保守派ムーブメント」の政治的成功は、黒人を嫌う白人にいかにアピールするかにかかっている。だが、反黒人でありながら、反移民ではないというのは難しいことだろう。さらに、人口が急増した移民は次第に大きな政治勢力となりつつあるので、これまで「保守派ムーブメント」にとって政治的に非常にプラスに働いてきた人種問題は、徐々にマイナス要因になっていくかもしれない。

共和党は、できるだけ長きにわたり移民やその子孫から権利を奪うことでこの問題を封じ込めようとしてきた。たとえば二〇〇三年、司法省の法律家たちは全員一致で、悪名高きテキサスの区画整備計画は投票権法に抵触していると判断したが、その判断はヒスパニック票の影響力が弱まることを強調していた（その判断は、もちろん政治的に任命された法律家によって覆されたため、整備計画は実施されて連邦議会で共和党の議席が五つ増えた）。だが、その区画整備計画にもかかわらず、民主党は二〇〇六年、下院を支配下に置いている。テキサスでのような計画の実施は、非難されるべきものであり、問題を先送りにする作戦以外の何ものでもない。

白人人口が減少しているというあからさまな事実に加え、政治的に利用されてきた人種問題の重要性が低下しつつあると考える十分な理由がある。それは国家としてアメリカが、以前よりも人種差別的でなくなってきているということだ。人種差別が減少しているという最も劇的な証拠とは、かつて白人を震い上がらせたあるトピックについての質問に対する人々の反応である。そのトピックとは、異人種間の結婚だ。一九七八年、「保守派ムーブメント」が権力の舞台に登り始めていたころ、ギャラップの世論調査によると、回答者の五四パーセントが白人と黒人の結婚を認めなかったのに対し、認めると答えたのはわずか三六パーセントだった。それが九一年になると、相対的に多数の四八パーセントが認めるようになり、二〇〇二年には六五パーセント、二〇〇七年六月にはその数字は七七パーセントにまで上がっている。

これは直接政治には関係のないことだと思われるかもしれない。誰もかつて存在していた異人種間結婚を禁じる法律を復活させようと提案しているわけではないからである。だが、人種間の緊張を利用しようとする右派の政治力は、実際の政策よりも、人間の差別的な感情を刺激することによって保たれている。もしそのような感情が和らぎつつあるのなら——実際和らぎつつあるのだが——人種問題を悪用しようとする戦略はその力を失うであろう。

人種問題の変化は、即座に政治革命に結びつくわけではない。特にアメリカの最南部地方では、共和党の支持基盤は当分強固なままであろう。とはいえ、南部での戦略はその威力を失い始めている。たとえば、バージニア州などメキシコとの国境近辺の州では、ますます民主党が支持を増大させている。

実際、〇五年のバージニア州上院議員選挙でのジョージ・アレンに対するジェイムズ・ウェブの逆転勝利は、時代遅れの人種差別が移民問題と絡み合うと、「保守派ムーブメント」の弱体化に繋がることを見事に示した。多くの人が、アレンの政治素質を高く評価していた。彼はカリフォルニアのヤッピー（訳注／戦後四〇年代末から五〇年代前半のベビーブーム世代で、大都市郊外に住む裕福なホワイトカラー）であったが、南部の古き良き時代の青年に変身し、二〇〇八年の大統領選挙で共和党候補になるチャンスがあるとさえ見られていた。

しかしそこで例の「マカカ事件」が起きた。二〇〇六年八月、とある演説会場でアレン候補がウェブ候補の支持者であるインド系アメリカ人を「マカカ」（訳注／サルの一種。北アフリカからの移民の蔑称）と呼んだのだ。その模様はビデオに収められ（最近はすべてがビデオに収められている）、これはウェブ候補を選挙で優位に立たせるのに十分であった。

人種問題にまつわる政治の重要性は、いくら強調しても足りない。強力な政治勢力としての「保守派ムーブメント」は、アメリカに独自なものである。このムーブメントがアメリカで成功することができた最大の理由は、奴隷制度の遺産である、人種間の緊張にある。ヨーロッパやカナダなどでこのムーブメントと同じような考え方をする政治家は、政界の端に追いやられるはずだ。

アメリカにおける人種間の緊張を緩和させることで、あるいはより正確に言うなら、共和党がそれを悪用する政治的代償を増大させることで、アメリカは人種差別問題に関して例外的な国ではなくなり、福祉や格差是正政策への支持がはるかに強い他の西側民主主義諸国に近づいていくことだろう。

## 嫌気がさしたカンザスの共和党議員

世論調査機関のピュー・リサーチ・センターによる、アメリカ人の考え方に関する長期トレンドの調査の中で、最も驚くべき部分は社会と「価値観」の項目であった。それほど遠い昔ではないにもかかわらず、かつてのアメリカ人がいかに非寛容であったか、そしていかにその態度が変化したか、それは驚嘆に値する。

たとえば、一九八七年には回答者の半数以上が学校には同性愛者の先生を解雇する権利があると答え、四三パーセントがエイズは不道徳な性的行為に対して神があたえた罰だと信じていた。二〇〇七年になると、その数はそれぞれ二八パーセントと二三パーセントにまで落ちている。また社会における女性の役割についての質問では、八七年の時点で女性が伝統的な役割に戻ることに反対していたのはたった二九パーセントだったが、二〇〇七年になると五一パーセントにまで上昇している。

アメリカ人の態度の変化には目をみはるものがあるが、この変化の政治的な含意は、それほど明確ではない。経済利害よりも「価値観を優先する」有権者が決定的な役割を果たすと考えられるのは、選挙が接戦になったときのみである。にもかかわらず、「保守派ムーブメント」は社会的、そして宗教的な不寛容を政治的に利用してきたのであり、いずれにしろそうした利用の余地は明らかに少なくなっている。

さらに社会・宗教問題の変遷には、ある意味で人種問題の移り変わりと似たところがある。アメリカが人種問題に対して寛容になるにつれ、不寛容であることを政治的な基盤としている共和党と、アメリカの多数派との距離はますます開いていくに違いない。

そのいい例をカンザスで見ることができる。著名な共和党議員の多くが二〇〇四年の選挙後、共和党がキリスト教右派によって牛耳られていることに反発して民主党に鞍替えしたのだ。進化論を提唱した「チャールズ・ダーウィンが正しかったのか」、それとも神が世界を創造したのかという「神学論争に嫌気がさしたのだ」と、元カンザス共和党議長は民主党に鞍替えした際にその理由を述べている。それに対しカンザス共和党は、所属議員に対して毛沢東の共産主義を彷彿させる、まったく身の毛のよだつような「団結の堅い約束」に署名することを求めた。それは、「政治家または個人として、これからいかなるときでも党への忠誠を裏切ることはない」と宣言するものであった。私がこの原稿を書いている時点で、民主党はカンザスの州知事と、四つの下院議員定数のうち二つを手中に収めている。

## 解決策を求めて

アメリカ人は、好況時でさえ国民のほとんどにその恩恵が及ばない経済に対し、不安を抱いている。また、アメリカ人は国民の目をそらそうとするような政治――人種や社会に対する不寛容さに訴え、安全保障問題で恐怖を煽る政治――に惑わされにくくなってきている。これらの変化をすべて総合すると、「保守派ムーブメント」の政治的隆盛は、すでに過去のものになったといえる。

しかし、リベラル派の政治家たちは、ここ数年政権の座に就いていた政治家たちと違うことをするだけでなく、それ以上のことをしなければならない。ニューディール政策のことを考え直してほしい。保守派政権の失敗によって、一九三二年の大統領選挙で民主党が勝利することは多かれ少なかれ当然の成り行きであった。とはいえ、民主党の勝利がその後長い間受け継がれていく制度を生み出すかどうかは明らかではなかった。ニューディール政策の影響が時代を超えて生き続けてきたのは、ルーズヴェルト大統領が不平等と経済的な不安に対する解決策を与えたからである。何にもましてそれは、アメリカの社会福祉である社会保障制度の設立であった。またこれまで見てきたように、ニューディール政策は、経済成長に悪影響を与えることなく、国民の所得配分の凹凸をなくすのに驚くほどの成功を収めた。

いまやアメリカ国民はあらためて保守派政権に嫌気が差している。それは一九三二年の繰り返しではないが、大統領選の勝算は民主党員、ことにリベラルな民主党員にとってはかなり有利であり、民主党は近々、議会とホワイトハウスの双方を手に入れることだろう。問題は新しい多数派勢力が、これからも長く続く何かを実行に移すことができるかということだ。

民主党はそれを実行に移すべきであるし、またできるはずである。今日のリベラル派には、七五年前のリベラル派よりもひとつ、大きく有利な点がある。少なくともひとつの重要な問題に対して、何をすべきかを知っているのだ。次章では、ニューディール政策の完成、つまり他のすべての先進諸国の国民がすでに享受している制度をアメリカ国民に提供する絶対的な必要性について論じる。それは全国民に対する医療保険の保障、つまり国民皆医療保険制度の創設である。

# 第11章　緊急を要する医療保険問題

アメリカは裕福な国々の中でも珍しく、国民に基本的な医療保険を提供していない。医療保険政策に関する議論のほとんどは――私のものも含めて――他国に追いつこうとすることで生じる利益とコストをめぐる、事実と数字を検討することから始まっている。その点についてはすぐに言及するが、まずは違う問いから始めたい。つまり、何をすることが道義的に正しいことなのだろうかという問いである。

医療保険制度に反対する、道義的に一貫した議論をすることは可能だ。人生は不平等かもしれないが、それを是正するのは政府の役割ではないというものだ。その議論によると、もし誰かが医療保険を負担できない場合、それは残念だが、政府が税金を上げ、それらの人々を援助する必要はない。もし、誰かが病気にかかりやすい遺伝子を受け継いで生まれてきたり、人生のある時点で医療保険を受けることが不可能な状況に陥った場合、まあ、それは不運なことだったとしかいえないだろう。政府がそれをどうにかすることは不可能であり、それを特に問題視することは政府の役目ではない。

もちろん、私はこのような意見に賛成ではない。しかし、ここでこうした意見を紹介したのは、単にそれを論破するためではない。私が指摘したいのは、国民皆医療保険に反対する道義的に一貫した議論がある一方で、政治的な議論の場でそれらを耳にすることはほとんどないという事実だ。当然、保守派の中には、政府が不運な人々を助けるために税金を使う権利はないと信じ込んでいる人々がいる。テキサス出身の女性ジャーナリスト、故モリー・アイヴィンスは、テキサス出身のある議員の発言を好んで引用した。その議員はこう問うていた。「すべてのアメリカ人が、教育であれ医療であれ何であれ無料で受けることができるなんていう考えは、いったいどこから来たのか。モスクワからだよ。ロシアからだ。それは地獄から来たものさ」だが、政治家はそのようなことを公の場では決して口にしないものだ。

言うまでもなくそれは、政治家たちは有権者がこのような意見に同意しないことを知っているからだ。生まれてきた条件のために医療保険を受けられないと考えるアメリカ人はほんのわずかであり、また世論調査によると、大多数のアメリカ人は、収入のいかんにかかわらずすべての国民に医療保険が保障されるべきだと信じている。つまり、国民皆医療保険についての道義的側面は、議論の必要はないということだ。

国民皆医療保険に反対している者たちは、道義的に正しいことをするのは不可能だ、ないしは少なくともコスト――税収の規模を考慮した、現行システム下でサービスを低下させないためのコスト――が高すぎると主張している。事実と数字の出番はここだ。事実とは、他のすべての先進諸国では、医療保険を国民全員に提供するという、不可能なはずのことを現に達成していることだ。そのサービスの質は、あらゆる尺度から見てアメリカと同等か、ないしはそれ以上だ。また、アメリカと比べて一人当たりの負担額も少ない。つまり、換言するなら医療保険は、道義的に正しいことをしながら、経済的にもただ同然の政策なのだ。これまでのすべての事実が示しているのは、アメリカの現行システムよりも、より公正なシステムのほうが安く実行でき、しかもより充実したサービスを提供できるということである。

医療保険についてもうひとつ指摘しておかなければならない重要なことがある。アメリカ人がこの問題を憂慮している大きな理由は、それは現行のシステムが、目にも見える形で崩壊しつつあることだ。そのため世論調査はつねに、医療保険は有権者にとって最も重要な国内問題であることを示している。

同じ価値観を共有していること、経済的に実行可能であること、有権者にとっての重要課題であること――これらすべてを考慮するなら医療保険改革を優先事項にするべきだ。そしてわれわれが医療保険について知っていることのすべてから考えて、本当に効果のある改革とは、あらゆる意味においてリベラルな改革だけだ。そのためには不平等と格差、そして不安を緩和する政府の行動が必要となってくる。医療保険の改革こそ新しいニューディールの中心に据えられなければならない。もしリベラル派が進歩的な政策こそがより良い公平な社会をつくることを示したいのなら、まず着手すべきなのはこの改革からだ。

医療保険改革について提案する前に、まずその経済学について少し触れておこう。

## アメリカは世界で三七位

もし過去が何らかの教訓を示しているとすれば、二〇〇八年中、アメリカ人の半数は取るに足らない額しか治療費を必要としないだろう。アスピリンを数瓶買い、一、二回検査を受けるかもしれない。だが、病気にはならないだろう。少なくとも、高額な治療費が必要な病気にはならないはずだ。

それに対し、少数のアメリカ人は心臓のバイパス手術、透析、あるいは化学療法などで巨額の治療費を必要とする。全体として人口の二〇パーセントが、治療費の八〇パーセントを占めることになる。二〇〇八年だけでも人口の一パーセントが最も重い病気をわずらい、一人当たり平均一五万ドル相当の治療費が必要となる。

そのような高額な治療費を自らの懐から払えるのは、アメリカ人の中でも非常に限られた人々だろう。特に、しばしばあることだが、高額な治療費の支払いが何年も続くようならなおさらだ。アメリカや他の先進諸国の中産階級の人々が現代医学の治療を受けることができるのは、高額な治療費が必要となった場合、誰かがその治療費のほとんどを支払ってくれるからこそなのだ。

裕福な先進諸国の間では例外的だが、アメリカにおいてその「誰か」とはほとんどの場合、民間の保険会社だ。他の国々では、医療保険のほとんどは実際、政府によって賄われ、それは結局のところ税金によって支給されている（その詳細は複雑だが）。アメリカでも、税金から拠出されている保険制度つまりメディケアが六五歳以上の老人や身体障害者などをカバーしている。そして政府によるもうひとつの保険制度であるメディケイドが、民間の保険を負担できない低所得者をカバーしているが、すべての低所得者層に拠出されているわけではない。とはいえ、大多数のアメリカ人は民間の医療保険に入り、それによって治療費を払っている。民間の保険に依拠する割合が大きいために、アメリカは人口の大きな部分を占める約一五パーセントの人々がまったく保険に加入していないという、先進諸国の中でも唯一の国となっている。

用語について説明しておこう。政府による健康保険に反対する人々は、時としてそれを「国営医療」と呼ぶことがあるが、これは誤解を招く表現だ。正確には国営「保険」であり、両者はまったく別物である。カナダやヨーロッパ諸国では、ほとんどの医師は自営か、私立病院、ないしは私立クリニックで働いている。先進諸国の中で唯一国営医療を有しているのはイギリスであり、イギリスでは政府が病院を経営し、医師たちは国家公務員である。

アメリカの医療保険は民間保険に依拠するという例外的なシステムだが、それは他の先進諸国と比較すると、どのように映るのだろうか。表5がそのすべてを物語っている。表は各国が拠出している一人当たりの医療保険額を示し、その額を国の平均寿命と比較している。これはいかにその国の医療保険がうまく機能しているかを示す最も単純な計算方法だ。アメリカはカナダ、フランス、ドイツと比べて一人当たりの医療保険額は約二倍、イギリスのおよそ二倍半でありながら、アメリカ人の平均寿命は最下位である。

**表5　西側諸国における医療保険の国際比較**

| | 一人当たりの拠出、二〇〇四 | 平均寿命、二〇〇四 |
|---|---|---|
| アメリカ | 六一〇二ドル | 七七・五歳 |
| カナダ | 三一六五 | 八〇・二 |
| フランス | 三一五〇 | 七九・六 |
| ドイツ | 三〇四三 | 七八・九 |
| イギリス | 二五〇八 | 七八・五 |

このような数字はあまりにも容赦なく、民間のほうが公共部門よりも効率的であるという、一般に受け入れられている考えを覆すものであるため、政治家、専門家、経済学者などはそれをはなから否定しようとする。共和党の大統領候補に臨んでいたルドルフ・ジュリアーニによれば、アメリカの医療保険制度は「世界で最も優れている」そうだが、実際、世界保健機関（ＷＨＯ）によると、アメリカの医療保険の充実度は世界で三七位だ。保守派のエコノミストであるタイラー・コーウェンは、ヨーロッパの国々は医療サービスの遅れや、または不手際や不自由さのため

に巨額の「隠れたコスト」を抱えているると指摘しているが、いくつかの国際比較調査によると、イギリスの医療保険ですらアメリカよりも全体的に質が高いという。緊急ではない場合の手術では、アメリカよりもイギリスのほうが長い時間待たなければならないものの、緊急の際、特に週末や診察時間外などではアメリカよりも早く医師に診てもらうことができる。ドイツやフランスでは、いかなる場合も大きな遅れはないという。

人工股関節の手術に関しては、カナダのほうがアメリカよりも長い時間待たなければならないことはよく指摘されるが、それは事実だ。だが、それは比較対象としては特異な例である。なぜならアメリカでは、メディケアが人工股関節の医療費のほとんどを負担しているからだ。周知の事実ではないかもしれないが、メディケアは政府が拠出している制度だ。健康関連の専門家は、しばしばジョン・ブロー元上院議員の逸話を引き合いに出す。彼はルイジアナ州出身で、医療保険問題で活躍した同議員なのだが、選挙区の有権者からは政府がメディケア制度に介入しないようにしてほしいと嘆願されたというのだ。いずれにしろ重要なのは、この人工股関節の手術に関する両国の違いは、保険制度の違いに起因していることであり、アメリカのほうがカナダよりも、資金が豊富なのである。主張されているような民間保険の利点とは、まったく無関係である。

さらに重要なのは、アメリカ人のライフスタイルが、いかに医療保険費を上昇させているのかという点だ。『アメリカの展望』の著者エズラ・クラインはこれを「アメリカ人が誰よりもチーズバーガーを食べていることから起こる」現象だと呼んでいるが、アメリカ人がヨーロッパ人よりも肥満になる傾向が強いのは事実であり、そのため特に糖尿病などの慢性的な症状の医療費は増大している。とはいえ、いざ実際に数字を計算してみると、ライフスタイルの違いや、それによって引き起こされる病などによって起こる、アメリカと他の国々との差は、ほんのわずかでしかない。マッキンゼー・グローバル・インスティテュートの調査によると、ライフスタイルや病などに起因するアメリカと他の国々との差は、年間の治療費では二五〇億ドル以下、または、アメリカ人が毎年医療保険のために余分に支出している余分な三〇〇〇ドルの内の一〇〇ドル以下でしかないと推定されている。

さらにもう一つ知っておくべきことがある。アメリカ人は医療保険にどの国よりも拠出しているが、そのことによってとりたてて手厚い医療サービスを受けているわけではないのだ。たとえば、人口一〇万人当たりの医師の数や、病院で過ごした日数や、消費した処方薬の量などの基準で見てみると、アメリカの医療保険は他の裕福な先進諸国と比較して、それほど目立って優れているわけではない。アメリカは医療保険への拠出額は法外だが、実際のところ、その金額で得ているものは凡庸でしかないのだ。

これらのことは、アメリカの医療保険制度が実に非効率的であることを示している。しかし、どうして多くの領域において最先端の技術を誇り、何事もうまくやれると自負するアメリカが、このような非効率的な医療保険を持つことになったのだろうか。その最大の理由は、巨額な資金が医療保険を提供するためにではなく、むしろ提供しないために使われているような制度に陥っているからだ。

## 医療保険入門

おそらくアメリカの医療保険の混乱を理解する最もよい方法は、アメリカ人の大多数がその制度に望むことと、今の制度下において各機関が実施していることとの差に着目することだろう。すでに議論したように、すべてのアメリカ人が基本的な医療保険を受けるべきだという点で、国民の意見はほぼ一致する。そうは考えない人々がいても、自らの信念を公の場で口にすることはない。なぜなら、ある人が貧しい生まれだからとか、間違った遺伝子を持って生まれてきたからだとかの理由で、医療保険を与えないと発言することは、政治的に受け入れ難いことだからだ。しかし、民間の保険会社は、医療保険を支払うことで利益を上げているのではない。保険会社は、保険料を取りながら、許容範囲内で医療保険を「支払わない」で済むようにして、利益を上げているのだ。事実、保険業界では、大きな手術などの実際の保険金は、文字どおり「医療損失」と考えられている。

保険会社は、大きく分けて二つの方法で、医療損失を抑えようとする。ひとつは、「リスクによる選別」という方法であり、よりあいまいな言い方では「保険契約を引き受ける」と呼ばれている。両者とも、保険を必要とするであろう人々に保険を売らないこと、ないしは非常に高い保険料を請求することを遠回しに言っているのである。可能なかぎり、保険会社は加入申込者が高額な保険金が必要となるかどうか、綿密に調査する。家族の病歴、仕事の性質、そして何にも増してこれまでの健康状態をチェックする。加入申込者に平均よりも高い保険金がかかるような症候があれば、掛け金が手頃な保険に加入することは、完全に無理ということになる。

もし、申込者が「リスクによる選別」をクリアしながら、なおも医療手当が必要だということになれば、第二の防御が用意されている。保険会社は、保険金を負担しない方法を探るのである。患者の医療記録を綿密にチェックし、彼ないしは彼女が明らかにしなかった以前からの健康状態を探り、保険を無効にしようとする。さらにはほとんどの場合、医師や病院から提出された診断書に疑問を投げかけ、必要とした治療が保険会社の責任範囲外だったという理由を見つけ出そうとする。

保険会社がこれらのことをするのは、邪悪だからではない。現行の医療制度の収益構造を考えれば、保険会社にとって他の選択肢はほとんど残されていないからだ。良心的な保険会社、つまり高額な保険金を必要とするであろう顧客を選別しなかったり、保険料を払わずに済む方法を探らなかった会社には、リスクの高い顧客ばかりが申し込み、他の保険会社が避けようとしていた保険金を負担することになる。その場合、保険会社は即刻倒産するだろう。

会社は邪悪ではないかもしれないが、その結果はまさにそうなる。覚えておいてほしい。すべての国民が適切な医療保険を受けるべきだと言う点で、アメリカ人の意見はほぼ一致している。それはつまり適切な保険に加入するということだ。だが、アメリカの制度の中では、何百万という人々が保険に加入できないか、ないしは高額な保険料でしか加入できないでいる。同時に保険会社は、加入申込者を選別し、保険金の支払いを避けようと、膨大な資金を使っている。そして医療サービスを提供している医師や病院は、保険金の支払いを求めて保険会社と交渉し争うために、これまた膨大なエネルギーを費やしている。また、そこには「拒否された保険金のマネジメント（denial management）」という業界も存在している。つまり、保険金が支払われなかった場合、医師が保険会社と交渉するのを手伝う会社があるのだ。

政府がいわば保険会社として機能する国民皆医療保険制度では、これらの経費がかかることは一切ない。もし、国民全員が医療保険に加入できるのであれば、ハイリスクな顧客を除外しようと申込者を選別する必要もなくなる。もし、政府系の機関が保険を提供するなら、医療費を誰が払うのかというもめごともなくなる。結果として、政府の医療保険制度は、より官僚的でなくなり、運営費も民間の保険会社より少なくて済む。たとえば、メディケアが運営のために割いている金額は、基金全体のわずか二パーセントである。民間の保険会社では、それはおよそ一五パーセント程度だ。マッキンゼー・グローバル・インスティテュートの推定によると、二〇〇三年、アメリカの医療保険業界における余計な業務支出は、他の国の政府系保険制度の支出と比較して、八四〇億ドルにも上ったという。

そしてその数字は、余計な経費の半分にも至っていない。マッキンゼーのレポートによると、「この数字は、保険金の支払人を選択できる制度や、病院や外来患者用センター向けの保険商品など、他の余計な業務上の負担を含んでいない。……また、医療保険給付金を管理する大勢の社員を抱えなければならない、雇用主の人件費負担も含んでいない」という。こうした他の諸費用も含めて概算した、よく引用されるアメリカとカナダの制度の比較データによると、アメリカにおける総業務費――保険を提供する保険会社側と、病院などの医療サービスを提供する側双方のコストを含んだもの――は、カナダでは医療費の一七パーセント以下であるのに対し、アメリカでは三一パーセントにも達している。それはつまり三〇〇〇億ドル規模の余計な経費がかさんでいることを意味し、アメリカとカナダの支出額の差の約三分の一に上る。

他のカネはどこに消えてしまっているのだろうか。他の先進諸国とは違い、アメリカには医薬品の価格に関して製薬会社と交渉する中央官庁というものが存在しない。その結果、アメリカの一人当たりの医薬品使用量は外国の平均よりも少ないが、支払っている金額ははるかに多く、医療保険費の総額を約一〇〇〇億ドル強増加させている。これほど目立たなくとも、アメリカの制度の中には非効率なものが多数ある。たとえば、外来患者用のCTスキャン設備を急速に普及させた奨励金などがそれで、この高価な機材はほとんど使用されていない。

最後に、アメリカの医師は、他国の医師よりも多額の報酬を得ている。しかし、このことは業務費や薬品の価格、あるいは他の問題と比べて経費の差のとりたてて大きな理由になっているわけではない。このアメリカとカナダの医療業務費を比較した研究者たちによると、アメリカ人医師の高額な給与は、両国の総負担額における差額の約二パーセントにしか満たないという。

アメリカの制度にはひとつ大きな欠陥がある。多額の将来的な医療費を節約できるにもかかわらず、保険会社は予防的な医療にほとんど拠出しようとしないのだ。最も有名な例は糖尿病だ。

保険会社は、しばしば糖尿病の初期段階での治療費用を払わないのだが、適切な初期治療がなされず糖尿病が悪化した結果、足を切断することになった場合の保険金は払うのだ。これは道理に反するように見えるかもしれないが、保険会社にとっての動機を考えてみよう。予防的な医療を払うのは保険会社なのだが、人々は他の保険会社に移ってしまうか、六五歳になると民間保険会社からメディケアに乗り換えるため、保険会社は利益を得ることはできない。したがっていま治療費を払っておいて将来の出費を少なく済ませようというやり方には、個々の保険会社の観点からすればメリットがないのだ。しかし、それに対して、アメリカ人全員を対象とする生涯医療保険には、予防的な治療に支出する大きな動機があるはずだ。

これまで私は、アメリカの医療制度は悪夢であるかのように描いてきた。多くのアメリカ人にとって、事実、それは悪夢だろう。しかしながら、八五パーセントのアメリカ人は医療保険に加入しており、そのほとんどはまともな医療を受けている。なぜ、そのようにうまくいくのだろうか。

一つの答えは、アメリカでさえ国民に医療保険を提供する際に政府が大きな役割を演じているということだ。二〇〇五年、八〇〇〇万のアメリカ人が政府の保険制度に加入していた。そのほとんどがメディケアとメディケイド、それに退役軍人の医療保険などの他の保険制度である。

その数は民間の保険に加入している一億九八〇〇万人よりも少ない――しかし両制度はともに若年層よりもはるかに医療費のかさむ老齢者を主な対象としているため、政府は民間の保険会社よりも実際多くの医療保険費を支払っている。二〇〇四年、政府はアメリカの医療保険全体の四四パーセントを拠出し、民間の保険会社は三六パーセントしか拠出していなかった。残りのほとんどは、どこの国でもそうだが自費だ。

アメリカのシステムがうまく機能している他の理由は、民間保険に加入しているほぼ全員が雇用主から保険給付を受けているからだ。これには歴史的な背景がある――第二次大戦中、企業は従業員確保のために給与を上げることが許されていなかったので、その代わりに多くの企業が、健康保険給付金を提供していたのだ。また、税制の特別控除があることも大きな理由となっている。健康保険給付金は給与と違い、所得税や支払給与税の対象外である。しかしながら、この控除を得るためには、雇用主は従業員の過去の病歴にかかわらず、全員に同様の健康保険を提供しなければならない。したがって雇用主拠出保険は、実際に保険を必要としている人々をふるい落とす保険会社の選別制度の問題を緩和するはずだ。また同時に、大企業はある程度、従業員の治療を受ける権利を擁護するものだ。

これらの優遇措置の結果、雇用主拠出保険は長いあいだ、多くのアメリカ人にとって医療保険問題の現実的な解決策となってきた。それはアメリカの保険制度の根本的な見直し要求を退けるほど、優れた解決策だった。しかし、この解決策はこれまで機能してきたものの、いまや崩壊しつつある。

## ゆっくりと襲ってくる危機

アメリカの医療保険制度の根本的な枠組みは、当時のジョンソン大統領がメディケアとメディケイドを創設した一九六五年以降、それほど変わっていない。老齢者と貧困者のための政府の保険。いい会社でいい仕事を持つ労働者のための雇用主拠出保険。そして会社の保険に入る幸運に恵まれなかった人々のためには、もし加入できるのなら、個人で入る保険がある。そして、かなりの数に上るその他のアメリカ人は、保険に加入していないという不安定な生活を送ってきた。この枠組みはほぼ変化してこなかったが、しかし、その内訳は変化している。雇用主拠出保険は徐々に破綻しつつあるのだ。メディケイドが一部その代わりをしてきたものの、そのすべてをカバーしてきたわけではない。そして健康保険を失う恐怖が、アメリカの中産階級を支配するようになった。

医療保険危機が徐々に生じ始めたのは、一九八〇年代だった。九〇年代は短期間だが持ち直したとはいえ、現在、その傾向は再び深刻になっている。危機の核心は、雇用主拠出保険の減少にある。つい二〇〇一年まで、アメリカ人労働者の六五パーセントが雇用主拠出保険に加入していた。しかし二〇〇六年になると、その割合は五九パーセントに減少し、この下降傾向が終わる気配はない。雇用主拠出保険が減少しているのは、掛け金の上昇のためである。一家族の平均的な年間保険料は、二〇〇六年で一万一〇〇〇ドルであり、これは中間層労働者の年収の実に四分の一以上である。それよりも低い年収の労働者にとっては、これはあまりにも高過ぎる——実際その額は、最低賃金で働くフルタイム労働者の年収とほぼ等しいのだ。ある調査によれば、年収二万ドルから三万五〇〇〇ドルの「中くらいの所得」のアメリカの家庭でさえ、過去二年以上の期間、保険未加入だった家庭は四〇パーセント強に上るという。

なぜ、保険は高騰しているのだろうか。逆説的ではあるが、その答えは、医療の進歩である。医学が進歩したということは、医師がこれまで治療のできなかった多くの病気を治療できるようになったことを意味するが、それは非常に高い治療費によってのみ可能になったのだ。保険会社は治療費を支払っているが、その代わりに保険の掛け金も上がっているのだ。

医療費の高騰の傾向は、過去数十年に遡る。表6は一九六〇年以降のアメリカにおける、GD

Ｐに対して医療保険の総支出が占める割合の推移を示したものだ。二〇〇五年という短い期間以外、医療費は徐々に高騰を続けてきた。医療費が比較的低く抑えられている限りにおいて、支出の増大は、それほど問題にはならなかった。アメリカ人は、その経済的な負担に応じ、医学の進歩を享受できたのだ。

**表6　医療保険支出**

| 年度 | GDPに対するパーセンテージ |
|---|---|
| 一九六〇 | 五・二 |
| 一九七〇 | 七・二 |
| 一九八〇 | 九・一 |
| 一九九〇 | 一二・三 |
| 一九九三 | 一三・七 |
| 二〇〇〇 | 一三・八 |
| 二〇〇五 | 一六・〇 |

一九八〇年代に入ると、多くの雇用主が保険を支給することができなくなるほど、医療費は上昇していった。医療費が上がり続けるにつれて、雇用主は従業員のための保険給付を止めるようになり、保険に加入していない、基本的な医療すら受けられない人々の数は増えていく。二〇〇六年にロビン・ウェルズと私はこう書いている。

アメリカの医療保険制度は、しばしば不合理的な選択をすることがあり、高騰する医療費がその不合理をさらに悪化させている。とりわけアメリカの医療保険には、人口をインサイダーとアウトサイダーに分ける傾向がある。インサイダーたちは、いい保険に加入していて、いかに高かろうが、現代医学が提供するあらゆる治療を受けることができる。アウトサイダーたちは、質の低い保険にしか加入できないか、またはまったく加入できない人々で、彼らはほとんど医療サービスを受けることができないでいる。……

医療技術の進歩に伴って、医療保険はますますインサイダーたちに振り向けられるようになる。しかし、インサイダーたちへの給付の増大は、アウトサイダーたちを増やすことに繋がった。つまり、ポールさんは最先端の治療を施してもらえるが、その代わりにピーターさんは基本的な医療サービスを受けることはできなくなった、というわけだ。したがって、医療の進歩は多くのアメリカ人の健康にとって悪いことだという、残酷なパラドックスにわれわれは直面することになる。

この残酷なパラドックスは、すでに一九八〇年代に顕著になり、それは一時、医療保険改革を求める大きなムーブメントのきっかけとなった。ハリス・ウォフォードは、医療保険問題を強調したことが大きな勝因となり、一九九一年、ペンシルベニア州の特別上院選挙で逆転勝利を収めている。ビル・クリントン大統領も同じような争点を強調したことが、九二年の大統領選勝利の一因となった。

だがクリントンは公約を果たすことができず、ウォフォードは、筋金入りの「保守派ムーブメント」の一員であるリック・サントラムに九四年の選挙で敗北している。なぜ医療保険改革はクリントン政権下で失敗し、そしてなぜ今回復活しつつあるのだろうか。

## 医療保険改革への障害

一九九三年の数カ月間、抜本的な医療保険改革を止めることはできないと思われた時期があった。しかし、改革は失敗した――そしてこのクリントン案の挫折は、九四年の中間選挙における共和党の勝利を招いた。この敗北は、今日に及んでも民主党につきまとい、萎縮させてきた。再び失敗するかもしれないという恐怖が、現在、民主党議員の大多数が国民皆医療保険にコミットすることを躊躇している大きな要因となっている。しかし、問題は九三年の失敗からどのような教訓を本当に学ぶべきかということである。

クリントン大統領の失敗の理由を三つのカテゴリーに分けると、問題を理解しやすい。まず、改革に対する恒久的な障害であるが、これは九三年当初と現在とも変わりない。第二に、九三年の状況の一部には、今日には当てはまらないものがある。第三に、誤りのいくつかは避けることができるものだった――クリントン大統領が犯したこれらの間違いは、繰り返される必要はないはずだ。

まずは簡単には消えてなくならない障害、つまり根本的な「保守派ムーブメント」の執念深い反対から始めよう。ウィリアム・クリストルは、共和党議員に配布された有名な一連の政策メモの最初のものの中で、共和党議員たちはクリントン大統領の計画を「殺す」ように行動しなければならないと宣告していた。彼はその理由をウォール・ストリート・ジャーナル紙で説明している。「いかなる形であろうと、クリントンの医療保険計画を議会に通すことは壊滅的な結果を招く。それは、連邦政府によるアメリカ経済へのかつてないほどの介入を確実なものにするはずだ。その成立は、中央集権的な福祉国家の再来を告げるに違いない」さらに彼は、クリントンの計画は悪い結果をもたらすと議論しているが、彼の最大の懸念は明らかに国民皆保険制度が実際にはうまく機能するかもしれない――そうなればこの制度は国民の人気を博し、政府が介入しやすくなる前例をつくってしまうというものだった。これはブッシュ大統領が社会保障制度を民営化しようとした際に用いたのと同じ論理だ。「保守派ムーブメント」の観点からすると、最も危険な政府の政策とは、最もうまく機能するものであり、そのために福祉国家を正当化してしまう政策である。

「保守派ムーブメント」が将来の医療保険改革に対しても、前回と同様、執念深く反対するかどうかを推測する必要はない――本書を書いている現在でも、すでに彼らは執念深く反対しており、その理屈は九三年当時よりもますます度を超えたものになっている。たとえば、イギリスの国民健康保険（ＮＨＳ）の病院で働くイスラム系医師の一味がテロ攻撃を企んでいたことがイギリス当局によって突き止められると、フォックス・ニュースなどの保守系メディアと「保守派ムーブメント」の識者先生方は共同戦線を張り、政府による医療保険はテロを誘発すると吹聴したのだ。いや、本当の話である。

同様に確実なことは、九三年と同じく、保険業界も医療保険改革には強硬に反対するだろうことだ。クリントン政権の大失敗でほとんどの人が覚えているのは、非常に効果的だった「ハリーとルイーズ」のテレビCMだろう。出演した俳優の名からそう呼ばれるようになったこのCMは、医療保険業界のロビーグループが流したもので、クリントン案は医療の選択を奪うものであると人々に信じ込ませ、怖がらせた。

人々が気がつかなかったことは、業界の反対はクリントン政権にとって驚きであったということだ。なぜならその案には、保険会社からの支持を得るために、保険会社がこの制度で大きな役割を演じることが盛り込まれていたからだ。現在提案されている主な医療保険改革案は、後で見るようにどれも同じように民間保険会社に大きな役割を与えている。現在も、そしてこれからも、そのことで業界の反対が緩和されることはないだろう。事実は、現在保険業界が課している余計な経営上のコストを削減しないかぎり、いかなる医療保険改革も成功しないということだ。そしてこのことは、保険会社がその役割を保持したとしても、業界の縮小を意味している。したがって、業界の協力を得る道はまったくない。

今回も同じで、どのような状況になるかを推測する必要はない。カリフォルニアでは、すでにその政治力学が可視化している。アイゼンハワー的共和党員の現代版であるアーノルド・シュワルツェネッガー州知事は、州単位での皆保険制度を提案している。知事の案は、民間保険会社の役割を保持しつつ、保険会社による「リスクによる選別」を排除するために業界を規制しようとするものだ。そのため当然のことながら、カリフォルニア州最大の民間保険会社ブルークロスが、「ハリーとルイーズ」的な広告を流し、「不適当な改革」が州の医療保険を台無しにしてしまうと訴えている。

製薬業界も猛烈に反対するだろう——おそらく九三年当時よりも強硬に反対するに違いない。なぜなら、現在医薬品の支出が総医療費に占める割合は一五年前よりも増えているからだ。保険会社の反対と同様に、製薬業界の反対は基本的に不可避である。というのも、製薬会社そのものが問題の一端だからだ。アメリカの医療保険が高額な一因は、他国に比べて処方薬が高過ぎるからであり、遅かれ早かれ、国民皆保険制度はその価格の引き下げを求めるだろう。

これまでの議論だと、悪いことばかりである。九〇年代初頭の改革に猛烈に反対した主な業界や企業の一部は、今回も強硬な反対を繰り広げてくるだろう。しかし、今回の改革推進運動は一五年前に比べてより耐久力があり、容易に挫折しないだろうという基本的な認識が存在している。

## 二〇〇八年は一九九三年ではない

第10章で指摘したように、ビル・クリントンが大統領に当選した最大の理由は、アメリカの景気が後退していたからだ。一九九〇年から九一年にかけての一時的な景気後退の後も、雇用の伸びが低迷したいわゆる「雇用なき成長」の時期が長く続き、景気後退が続いているかのようだった。そして医療保険の危機が特に深刻に思われたのは、人々が職を失い、そしてその職とともに医療保険を失ったからだ。医療保険の改革を唱えていた者たちにとって問題だったのは、景気が回復するや否や、医療保険の状況も回復し始めたことだ。一九九四年の初めには、ウィリアム・クリストルは、自分たちの利益のためだけでなく、アメリカの医療保険は危機に直面してなどないと主張することによって、クリントン案と戦うよう共和党員を説得していた。そして表7が示すように、事実、医療保険の状況は急速に改善されつつあった。一九九四年、新たに職を得た人々は企業の保険に加入したため、雇用主拠出保険のパーセンテージは急増していった。共和党の改革引き延ばし作戦がおおむね成功した理由は、クリントン政権が二年目に入ると、アメリカ人は医療保険の現状に満足していたからだった。

とはいえ、今回は同じようなことは起こらない。二〇〇〇年代の初めは、景気後退と雇用なき成長という九〇年代初頭と似た状況であったものの、雇用状況は二〇〇三年には好転し始め、二〇〇六年になると、失業率は九〇年代終わりの水準に近いところまで下がっていた。ところが保険をめぐる状況はますます悪化の一途を辿っていた。今回は、改革を妨害しようとする者たちが危機の存在を否定する根拠に使えそうな、一時的な回復は起こらないだろう。

**表7　雇用主拠出保険の加入率**

| 年 | 保険加入率（%） |
|---|---|
| 一九八七 | 六二・一 |
| 一九九三 | 五七・一 |
| 一九九四 | 六〇・九 |
| 二〇〇〇 | 六三・六 |
| 二〇〇五 | 五九・五 |

クリントン政権が医療保険改革案を推進しようとしていたまさにそのとき、医療保険が一時的

に回復したことには、もうひとつ理由があった。九〇年代半ばは、ＨＭＯの黄金時代だった。ＨＭＯの背景にあったのは、認められた治療範囲であればすべての治療費を保険会社が払うことになっていた、従来の出来高払い保険では、治療費の無駄遣いを招く、という発想だった。医師は医療的に最適な治療を選び、治療費は保険会社が払うのであるから、患者は医師の指示に従う。ＨＭＯは、それを「マネージド・ケア」に置き換えようとした。ＨＭＯのネットワークに加わる医師は費用を考慮するようになり、効果が少ない割に高額な治療を施すことを避けるようになる。患者は、保険の掛け金が低額で済むので、範囲内の治療を受け入れるだろう、というのがＨＭＯの論理だった。

医療診断において費用を考慮に入れるという発想は、大いに意味のあることだ。先進大国の中でも完全に国営化された医療制度であるイギリスのＮＨＳの予算は、限定されている。ＮＨＳを運営する医療専門家たちは、その予算範囲内で最善を尽くそうと、医療処置において一ポンド当たりの費用効果を評価し、効果が低いものは使用を制限している。アメリカでは、一種の小型版ＮＨＳである退役軍人健康機関が、ほとんど同じことをしている。この機関とＮＨＳは、きわめて限られた資金しかないにもかかわらず、効果的な医療保険を提供するのに実にうまく機能している。

これに対しHMOは、ビジネスマンが運営する民間機関であり、医師たちによって運営される公的な組織ではない。当初、HMOは約束した経費削減を実現するかのように見えた。HMOが九〇年代に広がると、表6にはっきりと表われているように、長期的な医療保険経費の上昇はストップしている。そして九〇年代を通じて、HMOの経費削減と好景気が組み合わさった結果、表7で見られるように、医療保険の大きな、しかし一時的な改善に至っている。

だが、結局のところHMOは、ある理由で持続的に経費の節約を行なうことに失敗している。つまり、人々はHMOを信用していないのだ。イギリスのNHSの患者たちは、NHSの予算は限られており、医師たちはその予算範囲内で最善を尽くそうとしていることを理解しているので、医療保険の割当制を受け入れている。アメリカのHMOの会員たちは、割当制をそれほど容易には受け入れていない。というのも、HMOは企業の利益を最大化しようとしている会計専門家によって運営されていることを彼らは知っているからだ。この不信と不満のため、他のよりゆるい「マネージド・ケア」は増え続けているものの、保険加入者全体の割合から見て、HMOの加入者数は九〇年代の半ばで頭打ちになった。それにも増して、一般からの激しい抗議や議会での公聴会などがあり、保険会社は積極的な経費削減を追求しなくなった。その結果、アメリカの医療費はまたもや急激に高騰し、雇用主拠出保険は再び減少傾向にある。

これらはすべて、医療保険改革案の推進基盤は九三年当時よりも強固であることを示している。クリントン大統領にとって、一般の関心が他に移る前に改革を実行に移す機会は限られていた。しかし今回は、何かがなされねばならないという国民の強固な意志を覆し、危機など存在しないと反対派に言わせるような要素はない。

とはいえ、九三年においてさえも、クリントン政権は、いくつかの決定的な間違いを犯さなければ、医療保険改革を達成することができたはずなのだ。

## 繰り返してはいけない間違い

クリントンの医療保険案の欠点や、それを立案した人々については、多くが書かれてきた。私にはそれらに付け加えることはない。その代わりに、クリントン大統領が犯した明らかな二つの過ちについて論じることにしたい。

まず、クリントン大統領はこの問題に手をつけるのが遅すぎた。医療問題アナリストであるマシュー・ホルトのブログは、この分野では絶対に読まなければならないものであるが、彼はクリントン改革案の失敗と、ジョンソン元大統領によるメディケア制度推進の成功との鋭い比較を行なっている。ジョンソン大統領がメディケア制度に署名し法律にしたのは一九六五年七月三〇日、六四年の大統領選の勝利から九カ月以内のことである。クリントンがアメリカ全土に向けて医療保険問題ついて最初に方針演説をしたのは、九三年九月二三日だった。

この相当の遅れはいくつかの理由で悲惨な結果を招いた。九三年の秋になると、前年の大統領選挙で提出された問題は、その政治的勢いを失っていた。またクリントン政権は、すでに軍におけるゲイの役割などのささいな問題と、「保守派ムーブメント」が流すさまざまな偽スキャンダルに悩まされていた。そしてまた、経済回復が医療保険改革の勢いを徐々に弱体化させていた。

なぜ、クリントン政権は、もっと早く行動を起こさなかったのだろうか。一部には政策の優先順位という問題があった。彼の第一にすべき問題は予算であった。それにクリントンの医療保険の立案は、難しい過程を経なければならず、大規模な、しかし秘密の特別専門委員会を要し、そのリーダーとなることで国内の多くの味方を遠ざけてしまった。それにも増して、クリントンは準備ができていなかったのだ。メディケアは、何年にも及ぶ事前の議論から生まれたものである。それに対しクリントン案は、白紙状態で始まっている。クリントンは大統領選挙中、医療保険改革について具体案を何一つ示していなかったし、改革案の下地となるような全国的な議論が巻き起こっていたわけでもなかった。

ようやくクリントン案ができあがると、今度は別の問題に直面した。クリントン案はアメリカ人から医療の選択を奪うものであると喧伝されたのだ。

クリントン案は、「マネージド・ケア」を支えている論理を受け入れ、高額でありながらあまり効果が期待できない治療を制限することで、多額な経費を削減しようとしたものだった。彼の案は国民皆保険の計画であったものの、実際は全アメリカ国民をＨＭＯに仕向けるものでもあり、「マネージド・ケア競争」を引き起こしかねないものであった。反対派は早速この「マネージド・ケア」に攻撃の矢を向けた。例の「ハリーとルイーズ」の広告で最もクリントン案に打撃を与えたのは、「政府の役人がつくった数点の医療保険から選択するようにと、政府は迫ってくるかもしれない」という警告だった。

この不幸な歴史を繰り返さないためにも、今日の医療保険改革論者は、これらの過ちを避けなければならない。素早く行動するべきである。もし進歩的な大統領が就任し、進歩的な議会が過半数を占めたときは、少なくとも国民皆医療保険の基本項目はすでに決まっており、広く議論されていなければならない。したがって、今回の二〇〇八年の大統領選において、医療保険改革が中心的な議題になっているのは歓迎すべきことだ。また、医療の選択の余地があるということを国民に再確認させ、現在、いい保険に加入している人が、それより劣る別の保険に変えるよう迫られることはないと伝えることが必要である。

## 医療保険改革への道

ルーズヴェルト大統領が社会保障制度と失業保険を設立した際、彼は未知の世界に踏み込んでいた。アメリカではそのような制度は存在したことがなかったばかりか、ドイツとイギリスの福祉国家制度は限られたものでしかなく、それらはアメリカではあまりよく知られていなかったのだ。アメリカ人を守るというニューディール政策が、実際にいかに機能するか、誰も確信が持てなかった。それに対し、国民皆保険は西側諸国のほとんどで数十年にわたって存在し、それがいかに機能するのかは十分に理解されていた。

エズラ・クラインは、他の先進諸国における医療保険制度について非常に優れた調査を行なっており、その出だしのパラグラフは、全文を引用するに値するものだ。

医薬品は複雑かもしれないが、医療保険は単純だ。他の先進工業国はすでにどのようにすればいいのか把握しており、四五〇〇万人もの国民を無保険者として放置したり、一六〇〇万人ほどの人々を不十分な保険に加入させたりすることもない。また、医療保険の経費を高騰させ、国の経済を著しく脅かすこともない。

さらに歓迎すべきことは、その成功は秘密でなく、そのメカニズムは周知であることだ。医療関連の専門家に何がなされるべきか尋ねてみればいい。彼らはため息をつき、フランスかドイツが行なっているのと同じことを提案するだろう。何ができると彼らは考えているのかと聞けば、彼らは保険業界や製薬業界や保守派や製造業者や他の反対を避けるべきだと言い、もったいぶった専門用語を駆使して、職務内容や地方購買連合や健康預金口座などについてもごもごと語るだろう。といった具合に問題の複雑さはよく知られているが、この複雑さは現状を擁護するために働き、問題そのものではないのである。

たとえば、WHO（世界保健機関）が世界一と評価したフランスの制度について考えてみよう。フランスは税金によってまかなわれる、全国民を対象とした基本的な保険制度を維持している。これはメディケアに相当するものだ。フランス人はまた、より多くの医療費を給付する追加の保険に加入するように勧められる。これは多くの高齢者のアメリカ人が、メディケアに加えて加入している補足的な医療保険に相当するものだ。そしてフランスでは、貧困層は助成金を受け、追加の保険に入るように勧められる。これはメディケイドが、何百万という老齢のアメリカ人を助けているのに相当する。

ところで、アメリカの国民皆保険制度がどのようなものになるかと議論される際にしばしば引き合いに出されるのがカナダの制度だが、これがフランスにも、メディケアにもない特徴を有していることは知っておくべきだ。カナダでは、政府が給付しているのと同じ項目に重複して、新たな保険に加入することは認められていない。このように制限されている理由は、裕福なカナダ人が限られた医療資源を独占することを防ぎ、医療費の高騰を抑えるためだ。しかし、これは国民皆保険の本質的な特徴ではない。繰り返すが、メディケアに加入している老齢のアメリカ人は、フランス人同様、政府が給付する保険以外にも自由に他の保険に加入することができる。

フランスの制度とメディケアはすべての点で一致しているわけではない。フランスの制度の中には、少なくとも現在のアメリカには存在しないものがある。民間の病院と患者の獲得競争をしなければならないものの、多くのフランスの病院は政府が運営している。フランスは予防治療に力を入れており、患者が将来悪化を防ぐための治療をおろそかにしないようにと、糖尿病や高血圧などの慢性的な症状にも全額——共同負担ではない——保険を支給している。

重要な点は、全国民をカバーする、世界一と言われるフランスの医療保険制度は、実際にアメリカで受け入れられ、馴染みのあるメディケアを拡張・改善したものとよく似ており、それが全国民に提供されているようなものだということだ。フランス制度のアメリカ版は、いろいろな理由でフランス版よりも多くの費用を必要とする。アメリカの医師のほうが高額であり、またアメリカ人のほうが太っていて、より多くの費用がかかる病にかかりやすい。しかし総合的に考えて、国民全員に対するメディケアは、無保険者の問題を解決するだろう。そしてほぼ確実に言えるのは、四五〇〇万人が保険に未加入という現行の制度よりは費用がかからないだろうということだ。

政策通が世界を支配しているのなら、これですべてが決まりだ。アメリカ人はメディケアが好きだ、だからそれを全国民に普及させよう。その拡大は税金が上がることを意味するが、すでに保険に加入しているアメリカ人でさえ、あれほど高い掛け金を払わなくて済むのなら、上がった税金分よりも得をするだろう。これで問題解決というわけだ！　しかしながら、幸か不幸か、世界は政策通によって運営されていない。単一制度で医療保険を運営しようという提案、別名「万人のためのメディケア」は、いくつもの大きな政治的障害に直面するだろう。

単一制度に対する最も大きな障害となりうるのは、保険業界と製薬業界からの執念深い反対である。しかし改革推進派は、これらの利益団体は、どんなに真面目な医療保険改革にも反対するものだということを理解すべきだ。彼らを懐柔する方法はない。

だが、他の二つの変革への障害は、うまく乗り越えられるかもしれない。つまり、増税の必要と、医療保険の選択を失うことに対する国民の恐怖心である。

第一に、税金の問題。メディケアないしはそれと同等のものをすべてのアメリカ人に普及させるには、追加として多額な歳入、おそらくGDPの約四パーセントは必要である。事実、この追加分の税金は、アメリカにとって本当の大きな財政的な重荷になることはない。というのも税金が、人々がすでに支払っている保険の掛け金に取って代わるからだ。この事実にもかかわらず、大幅な増税は本当は実質的な負担増にはならないことを人々に説得するのは容易ではないだろう。特にそのような提案が必ず直面する、不誠実な反対キャンペーンを前にしては。また、進歩派が過半数を占めていても、大幅な増税を議会に通すのは難しいことだ。

患者の選択を維持するという問題も、ある意味では同じだ。メディケアタイプの保険は、アメリカ人がすでに加入しているほとんどの保険の代わりとなるが、他にどんな保険に追加加入することも自由だ。しかし、政府の保険制度に人々を自動的に加入させるプランは、容易に人々から選択を奪うものだと映るだろう。改革反対派は、その誤解をできるかぎりふくらませようとするはずだ。

これら二つの問題は、単一制度に対する「政治的な」反対であって、経済的なものではないということを留意しておくことが重要だ。純粋に経済的な観点からすると、単一制度のほうが有利なのは明らかだ。単一制度は運営上の経費も低く、医療費に対する交渉力も強く、より多くの医療保険を代替案よりもより安く提供することができる。しかし、完全な案ほど、国民の利益の敵になることがある。理想的な解決策よりも、政治的に実行可能で、単一制度の利点を備える改革案を推進するほうがはるかに賢明である。

さて、いいニュースもある。ここ数年、政策アナリストや政治家は、政治的現実と経済的効率性の双方の実現可能な妥協点を見出して、医療保険改革へのアプローチを徐々に発展させてきた。それは基本的に四つの要素から構成される。

・コミュニティー評価
・低所得家族に対する補助金

・強制的な保険加入
・官と民の保険競争

まず初めの三つを論じ、それらが総合されると、結果がどうなるかを考えてみたい。その後で最後の項目を説明したい。

コミュニティーによる評価が行なわれると、保険会社は被保険者ごとに異なる掛け金を請求したり、または将来病気になるかもしれないという理由で保険加入を拒否したりすることができなくなる。「完全」なコミュニティー評価は、すでにニューヨーク州とバーモント州で法律になっており、保険会社はすべての加入者に同じ掛け金しか請求できないことになっている。これは決定事項であり、議論の余地はなく、保険会社は従うしかない。「調整された」コミュニティー評価は、マサチューセッツやニュージャージーですでに法律となっていて、掛け金は、年齢や地域で異なるが、過去の病歴を評価基準にすることはできない。

このコミュニティー評価の目的は、保険会社が被保険者の過去の病歴や、他のリスク要因のために保険加入を拒否するのを防ぐことにある。また、保険会社の業務関連の経費を削減することも目的とされている。この方法なら保険会社は、多額を投じて高リスク者を選別し、加入申込みを断わる手間が省けるからだ。

補助金は、すでにアメリカではメディケイドにおいて実施されている。医療保険の改革案は、補助金をより多くの人々に付与することを提案しており、メディケイドを受けられないが、保険を支払うこともできない成人の低所得労働者を主に対象としている。

強制的な保険加入とは、車を持っている者が免許証を持たなければならないのと同様、保険にも加入していなければならないということだ。これは掛け金が払えるにもかかわらず保険に加入しないというリスクを犯している人々の問題に対応するものだ。病気や事故などの際、これらの人々は緊急治療室に運ばれるだろうが、その医療費は国民の税金によって支払われることが多い。改革案の中には、雇用主が従業員に保険を掛けることを義務化する案も含まれている。

これら三つを組み合わせると、民間保険会社による国民皆保険が実施されることになる。過去の病歴のために保険に加入できなかった人々は、コミュニティー評価のおかげで保険に入ることができるようになる。また、保険に加入することができなかった人々でも、補助金を得ることで被保険者になることができ、リスクを承知で保険に加入していなかった人々は、それが認められなくなる。

マサチューセッツは二〇〇六年、このような案をもとに医療保険制度を導入した。アーノルド

・シュワルツェネッガーによるカリフォルニア州の案も似たものである。民主党の大統領指名争いの二人の大物候補、ジョン・エドワーズとバラック・オバマも、本書の執筆中、同じような案を発表しているが、両者とも後で論じる第四の点を加えている。

しかし、国民皆保険を民間保険によって実施するこのような制度には、政府による単一制度に比べて根本的に有利な点があるのだろうか。経済的には、ノーである。実際、これは単一制度を規制と補助金によって模倣したものであり、その模倣は不完全なものだ。私は、これを単純な目標を手の込んだ方法を用いて達成するループ・ゴールドバーグ機械と比較したことがある。とくにコミュニティー評価や保険加入を強制することは、相当のお役所仕事が必要となる。皮肉にも、政府による単純な単一制度を実施するよりも、民間の保険会社による医療保険のほうが、政府の行政的な役割が大きくなるのだ。

とはいえ、コミュニティー評価や強制的な保険加入には、政治的に有利な点がある。第一に、そして何にもまして、保険のコストのほとんどは、雇用主や被保険者個人の掛け金によってまかなわれ続けるために、単一制度よりもはるかに低い歳入によって運営することができる。低所得世帯用の補助金に必要な十分な収入を得ればいいのだ。このような複合的な国民皆保険の設立に見積もられた額は、二〇一〇年末に終了予定のブッシュ大統領の減税によって削減された額よりもはるかに低い。つまり、このような国民皆保険は、増税を議会に通さなくても実施可能だということだ。民主党の大統領と議会がするべきなのは、ブッシュ減税が終了した際、その分浮いた税収入を医療保険に向けることだけである。

同時にこの計画の下では、民間の保険に満足している人々は、それに加入し続けることができる。保険業界は、コミュニティー評価を非難して、改革を阻もうとするだろう――事実、一九九三年の「ハリーとルイーズ」のCMが攻撃したのは、このコミュニティー評価だった――が、保険業界は、人々を「マネージド・ケア」へと追いやったと政府を批判することはできないだろう。

民間の保険を基礎とする国民皆保険は、単一制度よりも実現可能なように見えるが、単一制度のいくつかの利点を失うことにもなる。特に業務費が高くなり、いくつもの保険会社が存在するため、誰が何を払うのかでもめる可能性がある。これらの問題を解決する方法はあるのだろうか。

ここで重要となるのが第四の点だ。エドワーズとオバマの案は、民間の保険を解約しなくても加入できるものだが、政府のメディケアに関連した保険にも、実際政府が負担しているのと同額で入ることが可能となっている。自己負担でメディケアに加入することを可能にしたことは、民間と公的保険の競争を促すことに繋がる。これまでの実績を考慮すると、政府の制度のほうが、マーケティングに多額の費用を投入しないため経費がその分安く済むので、競争に有利である。

メディケア・アドヴァンテージ・プランという、メディケアの一部であり、税金でまかなわれている老齢者のための民間保険の一種が、従来型のメディケアと保険の条件面などで公平に競争するようになると、民間保険の需要は減少し始めた。もし政府の保険制度が、つねに民間との競争に勝るようなら、民間の保険会社はマーケット・シェアを失い、いずれ単一制度に収斂していくことだろう。だが、これは国民の選択によるものであり、政府の強制で行なわれるものではない。

以上のような線で制度が実施された場合、その結果は他のどこの国とも似ていないものとなろうが、ドイツの保険制度とやや似たものになるだろう。ドイツでは医療保険制度は競争も激しいが、非常に規制の厳しい「疾病ファンド」によって運営されている。この制度は、フランスと同様、国民皆保険と質の高い医療を提供しながら、アメリカよりもはるかに低予算で運営されている。また、ドイツの制度は、あらゆる面においてアメリカの医療保険制度よりも優れている。緊急の場合でも医師に診てもらうことが容易であり、緊急治療室の待ち時間も短く、また急を要しない手術でさえ、アメリカよりも遅れが少ない。

今後、検討しなければならない詳細な点は枚挙にいとまがないが、重要なことは、アメリカにおいて国民皆保険が実現する可能性は、経済的、財政的、そして政治的な観点から見ても非常に高いということだ。

## 医療保険改革の恩恵

アメリカの医療保険を改革する最大の理由は、それがほとんどのアメリカ人の生活の質を向上させるからだ。現行の制度下では、何千万というアメリカ人が適切な医療保険に加入できていないばかりか、何百万という国民が多額の医療費負担のために生活の破綻を余儀なくされてきた。保険未加入者や、巨額な医療費のために自己破産した者たちは、自分たちの生活も破綻するのではないかという不安の下で暮らしているありさまだ。だが、それはすべて起こる必要がないことなのだ。他のすべての裕福な先進諸国は、国民皆医療保険を有している。アメリカが直面している医療リスクを減らすことは、相当なコストがかかったとしても実施に値するものだ。実際、ここで提案した医療制度には、余計なコストはかからない。国民皆保険は、現在の分裂した制度よりも低いコストで実施ができ、またその質も高い。

医療保険制度を改革しなければならない理由は、実はもうひとつある。それは「保守派ムーブメント」が、クリントン元大統領の改革案を潰した理由と同じである。保守派の論客の一人であるウィリアム・クリストルいわく、改革案の成功は、「中央集権的な福祉国家の復活を意味する」。ここで彼が本当に言いたかったのは、恵まれない社会の弱者を助けるべきだというニューディール政策の精神に、国民保険は新しい命を与えるかもしれないということだった。たしかにそのとおりであり、それこそ改革を推進すべき理由であったのだ。

端的に言って、社会保障制度の設立がニューディール政策の核となったように、国民皆保険は新しいニューディール政策となり得るのだ。両制度とも、アメリカ社会にとってきわめて重要な政策であり、同胞を助けなければならないという原則を再確認することに繋がる。国民皆保険の創設は、現代のリベラルな人々にとって国内政策の最優先課題であるべきだ。それに成功を収めて初めて、アメリカの不平等と格差という、より広範で困難な課題に取り組むことができるのである。

# 第12章　格差社会に立ち向かう

私が育ったアメリカは比較的格差の小さい中産階級社会であった。しかしながら、世代を経るごとに、この国は南北戦争後の「金ぴか時代」のような不平等な社会に戻ってしまった。本章では、この状況を逆転させることができるような政策の概略を述べようと思う。医療保険の問題を論じた際と同様、まず価値観の問題から始めたいと思う。なぜ私たちは、広がりつつある大きな格差について心配しなければならないのだろうか。

この格差を懸念する一つの理由は、生活水準に直結しているからである。第7章で詳細に記したように、過去三〇年にわたるアメリカ経済の成長の大部分は、一握りの裕福な人々を豊かにしたが、典型的な家庭が技術進歩や生産性の向上の恩恵にあずかったかどうかは定かではない。下層や中産階級世帯に対する経済成長の恩恵が明らかでないこと自体、収入のより平等な分配を求めるのに相応しい理由であろう。

それよりさらに重要なのは、極度の格差によってアメリカの社会や民主主義が受ける打撃である。その建国以来、国民の意識の中にあったアメリカとは、際立った階級差別のない国であった。それは完璧な平等社会ではなかったが、経済的エリートと一般市民との間の隔たりは、埋められないほど大きなものではなかった。だからこそ合衆国第三代大統領トマス・ジェファーソンは、こう書いたのである。「小さな土地の所有者こそが国の最も重要な部分を成している」現代社会に相応しい解釈で言い直すなら、幅広い中産階級こそが国にとって最も重要な部分であり、ジェファーソンの記述は今でもまさに的を射ているといえる。アメリカの広がる格差は、この国の中産階級を弱体化させただけではない。社会の営みや政治を腐敗させており、アメリカが新たなる「金ぴか時代」に深く陥るにつれ、その事実はさらに明白になりつつあるといえる。

## 格差社会の代償

格差社会を正当化しようとする論議で、最も面白かったのは、「保守派ムーブメント」のものであった。一九九七年、初期のネオコン知識人の一人であったアーヴィング・クリストルは、ウォール・ストリート・ジャーナル紙に「階級闘争なき収入格差」という記事を掲載した。クリストルによると、収入格差を案ずる必要はないという。なぜなら統計がいかなる数字を表わしていようとも、階級の相違というものは、現実社会ではほとんどなくなったも同然だからだという。彼によると、今日のアメリカでは――

収入格差は、より大きな社会的格差によって呑み込まれてしまっている。……すべての大都市で、ＣＥＯが彼の秘書と絶対に出会うことなく食事ができるレストランなど一つもないのだ。ファーストクラスに乗ったとき、隣の席に来るのはどんな人だろうか。知るすべもない。パリに行けば、クレジットカードを使う若者の群れの中に紛れ込んでしまうだろう。

社会的に平等であるかぎり収入面での格差など問題にはならないと主張することで、クリストルは逆に事実上、社会格差を生じさせるようなら収入格差は「問題となるかもしれない」と認めているのである。そして、「問題になるかもしれない」ではなく、実際、問題になるのである。クリストルの空想世界――裕福な人々があなたや私のような一般人とまったく同じような生活をし、誰も社会的な劣等感など感じることなく暮らせる世界――は、つまり現実にいまアメリカ人が暮らしている社会とは似ても似つかない。

金持ちや著名人のライフスタイルなど、格差問題ではおそらく最も取るに足らないことであるに違いない。だが、クリストルが書いたようなCEOが中産階級の人々と親しく交わる光景は、ウォール・ストリート・ジャーナル紙で富裕層の生活の取材を担当しているロバート・フランクによって完全に否定されている。彼の著書である『ザ・ニューリッチ』の中で、彼は自らの目で見たことをこう報告している。

今日の裕福層は、彼ら独自のバーチャル国家を造り上げている。……独自の医療保険システム（高級プライベートドクター）、旅行のネットワーク（自家用・企業用ジェットの「ネット・ジェット」や、超高級ホテルやリゾートクラブ）、そして独自の経済といった具合に、彼らはすべてを備えた自分たちだけの世界を築き上げている。……裕福層の人々はさらに裕福になっていったのではない。彼らは次第に経済的によそ者になっていき、国の中にいながら彼ら独自の国や社会や経済を造り上げていったのだ。

すなわち大きな収入格差は、必ず大きな社会格差を次第にもたらすということである。そしてこの社会格差は単に羨望や侮蔑といった類の問題ではない。それは現に悪い結果をアメリカ人の生活にもたらすことになるのだ。ほとんどのアメリカ人が一晩一万一〇〇〇ドルもする、高級ホテルのスイートルームに泊まって世界中を飛び回ることができないとしても大した問題ではない。しかし、中産階級の人々が家を購入する際、無理なく返済できる金額を超えた住宅ローンを組むのは問題である。子供を良い学校に通わせたいと願っても、格差の拡大によって安全な学校地域が少なくなり、そのような地域の住宅はより高くなってしまっているのである。

ハーバード・ロー・スクールで破産を専門に研究しているエリザベス・ウォーレンと、ビジネスコンサルタントのアメリア・ティアギは、アメリカにおける破産件数の増大について調査している。個人による破産申告をより困難にさせる法律が施行される直前の二〇〇五年まで、破産を申告した世帯の数は毎年、一九八〇年代前半の水準に比べ五倍も増えていた。このような破産件数増加の直接の原因は、家庭がより多くの借金を抱えるようになったからであり、そのことは身分不相応な贅沢品に浪費することに対する道徳的批判を呼び起こした。ところが、ウォーレンとティアギが発見したのは、中産階級の家庭が贅沢品に消費する金額は、実際のところ七〇年代に比べて減少しているということだった。その代わり、借金増の原因は主に住宅購入のためで、子供のために良い学区に住居を確保するためだったのだ。つまり、中産階級のアメリカ人は、出世競争に巻き込まれてしまっていた。彼らが貪欲で愚かだったからではない。子供にますます悪化する格差社会の中で、勝ち残るチャンスを与えようとしただけだった。そのような親の心配は当然のものである。人生の出発点でつまずくと、子供の人生の機会を台無しにしてしまうかもしれないのである。

アメリカ人は、問われると、いまだにこう言うに違いない――誰でも頑張れば出世することができる。

ある調査によれば六一パーセントのアメリカ人は「努力はした分だけ報われるものだ」という意見に賛成している。一方、カナダ人では四九パーセントであり、フランス人に至っては二三パーセントである。だが、現実問題としてアメリカでは与えられる機会も不均衡だし、その結果にも格差が生じている。誰もが決意をもって努力すれば報われると信じたいが、結果はその逆を示している。

ホレイショ・アルジャー風の立身出世物語など、現実社会ではまったく珍しいものだということは、多くの証拠が示している。最も際立ったものは、全米教育統計センターによる研究であり、それは一九八八年に八年生（訳注／日本でいう中学二年生）だったアメリカ人のその後を追跡調査したものである。彼らは数学のテストの結果などの目に見える才能と、両親の職業、収入、学歴などによる社会経済的状況との、二つの基準にもとづいて類別された。

その主な結果は表8に示してある。当然のことながら、成績が優秀で親の社会的地位の高い者は大学を卒業する可能性が高くなっている。とはいえ、親の社会的地位はより大きな影響を及ぼしていた。成績が下位四分の一に属する生徒たちでも、家庭環境が上位四分の一から来た子供たち――かつて私がティーンエイジャーだったころに「ＲＤＫ」と呼んだ、つまり「金持ち《リッチ》のバカ《ダム》・息子《キッズ》たち」――は成績が上位四分の一に入っていながらも家庭環境が下位四分の一から来た子供たちに比べて、大学を卒業する確率が高くなっている。これが意味することは、アメリカ社会に存在するとされている機会均等なるものが、まったくのおとぎ話だということである。全面的に事実ではないかもしれないが、現代のアメリカでは階級――継承される階級――が生まれつきの才能を左右する切り札になると言っても過言ではないということだ。

他の国々ではどうだろうか。アメリカほどではないようだ。「世代間における流動性」、つまり両親に比べて子供が社会的により高い地位を獲得する確率の国際比較というものはあてにはならない。というのも、それぞれの国が完璧に比較できるようなデータを収集していないからである。

**表8　一九八八年当時の八年生が大学を卒業した割合（パーセント）**

| | 下位四分の一の成績 | 上位四分の一の成績 |
|---|---|---|
| 下位四分の一の親 | 三 | 二九 |
| 上位四分の一の親 | 三〇 | 七四 |

とはいうものの、ホレイショ・アルジャーがヨーロッパに引っ越してしまったことは確かである。世代間における流動性が高いのはスカンジナビアの国々である。フランス、カナダ、いやイギリスと比べても、アメリカにおける流動性の方が低いということは、ほとんどの結果が示している。アメリカ人には機会均等が与えられていないばかりでなく、西洋のあらゆる国と比較してもその機会さえ少ないのである。

その理由を探るのは難しくない。アメリカに国民皆医療保険が存在しないという、先進諸国では稀な事実だけを取ってみても、運が悪い両親を持つことで子供たちは不利な立場に置かれてしまう。なぜなら低所得層の子供たちは、往々にして保険に入っておらず、健康面に問題が起きれば人生の機会を奪われてしまう可能性が高いからである。低所得な上に社会的援助がないために、十分な栄養が取れないことも同様の一因となろう。家庭の崩壊もまた、社会の階段を上ることを難しくしている。そしてアメリカにおける社会的セイフティーネット整備の不十分さが、このような崩壊を起こりやすくし、そうなった場合には一層ひどい状態に追い込んでしまう。それに加えて、アメリカの基礎教育における非常に不均衡な質なども追い討ちをかける。これらすべてを含めて言えることは、「平等の結果でなく機会均等を」という基本理念は聞こえは良いが、それはほとんど虚構の対比だということだ。結果に大きな格差をもたらす社会は、必然的に、機会においてもまったく不均等な社会なのだ。もしすべてのアメリカ人がスタート時点から同等の機会を与えるべきだと強く信じているなら、それは格差をどのように軽減するかという議論になるはずである。

大きな格差や不均衡は、アメリカ社会に多大な負担を強い、ほとんどの家庭の購買力を低下させているだけでなく、社会の他の面にも打撃を与えている。つまり、政治をも堕落させているのである。「もしアメリカ政府を所有できるほどの大物がいるとしたら、彼らはわが国を所有することだろう」と、一九一三年にウッドロー・ウィルソン大統領が言った言葉は、現代の大統領の口からは想像できない言葉である。ところが、現在はそのような事態に陥っているのである。もちろんまったく文字どおりということではないが、政府の政策がカネの力で不自然なまでにゆがめられたというニュースを聞かない週はない。

この本の出版に合わせたように、まさにぴったりな事例が起こっている。ヘッジファンドの経営者らは、税制面で途方もない優遇措置を受けているのだが、民主党の何人かも含めて、政治家たちがその支持に回ったのだ。言い逃れできるように税制を都合よく解釈した上で、これらの経営者たち――中には年間一〇億ドル以上の収入がある者もいる――は、ほとんどの収入に対してキャピタルゲイン税率で納税し、通常なら同額の高所得者たちが三五パーセントの税率のところを、たった一五パーセントの税率で済ませている。法律の抜け穴をヘッジファンドが利用していることで、政府は毎年六〇億ドル以上の損失を被り、この額はざっと計算しても、三〇〇〇万人の子供たちに医療保険を提供できる額である。この損失額のうち約二〇億ドルは、たった二五人の個人によるものである。保守派の経済学者さえ、このような優遇措置は違法であり、廃止されるべきだと主張している。

しかしながら、この税制優遇措置は強力な政治的支持を得ている。それも共和党からだけではない。二〇〇七年七月、民主党の上院議員選挙対策委員長であるニューヨークのチャールズ・シューマー上院議員は、ヘッジファンドに対する税制優遇の抜け穴の撤廃は、同時に他の優遇措置を排除しないかぎりあり得ないと公言してはばからなかった。誰もがわかっているとおり、これは「ポイズン・ピル」であり、はっきりとノーとは言わずに改革を阻止する手段なのである。シューマーは否定しているものの、彼のこの立場は、民主党の選挙に対しヘッジファンドが巨額の資金を寄付しているからだと多くの者が疑いの目を向けている。

このヘッジファンドの抜け穴の例は、限られた高所得者に富が集中することが政治を腐敗させていくという典型である。そしてその背後にあるのは、収入格差がいかに、基本的に非民主的な「保守派ムーブメント」の台頭を強化してきたかという大きな問題である。私が第7章で論議したように、アメリカにおける格差の拡大は、政治の右傾化によってもたらされた面が非常に大きかったが、それは逆の向きにも進行してきた。富裕層がさらに富を得るにつれ、「保守派ムーブメント」の組織を支え、共和党をそのムーブメントの中に引き寄せることで、彼らの影響力を拡大させてきたのだ。アメリカ政治の醜悪さは、収入格差を反映している面が多分にある。

もっと広い意味で言えば、大きな格差は一つの社会として人々を結びつける絆をも傷つけている。また、かなり長い間にわたって、アメリカでは政府や各個人に対する信頼感が下降線をたどり続けている。六〇年代にはほとんどのアメリカ人は、「ほとんどの人は信頼に値する」と考えていた。ところが今日では、ほとんどがそれに反論するだろう。六〇年代、ほとんどのアメリカ人は、「政府は万人への利益のためにある」と信じていた。ところが今日では、「限られた巨大利権のため」と考えている。さらにアメリカで拡大傾向にある皮肉なものの考え方の背後にあるのは、広がりつつある格差だという説得力のある証拠もあり、そのことがアメリカをますますラテンアメリカ諸国のような国に近づけているのではないだろうか。政治学者のエリック・アスレイナーとミッチェル・ブラウンは、次のように指摘している（これは多くのデータにより立証されている）。「持つ者と持たざる者が共存する世界で、経済的に両極端に位置する人々が、〝ほとんどの人間は信頼に値する〟と信ずる理由はほとんどない……社会的信頼感は経済的平等の上に成り立つものである」

## 収入格差を是正するアフターマーケット政策

格差を是正する方法を議論する際、格差に関する二つの考え方の違いと、そして格差を是正する二つの政策の違いをはっきりさせておくことが肝要である。

最初の格差についての考え方とは、マーケットにおける格差のことである。指摘するまでもなく、アメリカは市場経済であり、ほとんどの人々が労働を雇用主に売ることで収入を得ている。

また、人々は不動産や債権や株式など市場からのリターンによって収入を得ている。したがって格差の一つの尺度とは、モノを売って人々が得る収入の格差だといえる。市場からの収入の分配は非常に不平等であり、その傾向はさらに激しくなっている。実際、市場からの収入の分配は現在、一九二〇年代と同じ程度に格差が広がっている。

だが、それだけではない。政府は税金として市場からの収入の一部を徴収し、その税収の一部を国民に還元している。それは老齢者の主な収入源となっている社会保険給付金のような直接的な形においてか、または医療保険のようなモノとサービスで支給している。つまり、格差のもうひとつの尺度とは、個人の所得から税を引き、政府の給付金などを含めた可処分所得の格差でもある。他の先進諸国同様、現代のアメリカでは、可処分所得の格差は市場からの収入の格差よりも低い。その理由は、アメリカが国際的な水準からすると小規模であるとはいえ、福祉国家だからである。税金と政府の給付金は、富裕層の生活水準を幾分か下げ、より恵まれない人々を助けているが、それが存在するからこそ二〇〇七年のアメリカは、一九二〇年代のアメリカと同等の格差を「感じない」のである。

そこでアメリカにおける格差を是正する一つの方法は、これをさらに推し進めることである。つまり、アメリカのアフターマーケット政策を拡充し、改善することだ。その政策とは、市場での収入の格差を所与の条件として受け入れるが、その影響を減らそうとするものである。それがどのように機能するのか、アメリカよりも格差を是正しようとはるかに努力している国の事例を示したいと思う。その国とは、フランスである。

もし、人生で困難に直面している最中か、ないしは人生そのものが困難であったなら、アメリカ人であるよりもフランス人であることのほうが、絶対に有利である。フランスでもし職を失い、これまでよりも給与が安い職に就かなくてはならなくても、医療保険を失うことを心配する必要はない。なぜなら、政府がそれを支給してくれるからである。もし、長期間失業したとしても、政府が食と住居を与えてくれる。もし、子供の養育費のために経済的にピンチに立たされたなら、政府から手当が支給され、保育サービスも提供される。楽な生活は約束されないが、家族、ことに子供たちは本当に厳しい貧困を経験しないよう守られているのである。

反面、もし人生が非常にうまくいっているのであるなら、フランス人であることは負担が大きい。所得税はアメリカよりも幾分高く、支払給与税はさらに高い。形式上雇用主が負担しているが、実際は賃金から天引きされている額は、アメリカよりもかなり多いのである。また、生活費も高い。政府による売上税の一種である、フランスの付加価値税が高いからである。これらの負担は高額所得者にとって、政府による医療保険や他の手当などの恩恵によって相殺されるものではない。そのためフランス人でその給与（雇用主が負担する支払給与税も含めて）が中流の上か、それよりも上の人は、アメリカ人で同等の給与を得ている人よりも、その購買力は相当低くならざるを得ないだろう。

換言するなら、フランスはアフターマーケット政策が手広く整備されていて、苦しんでいる人々を楽にすることで格差を是正し、そのことによって幾分、楽をしている人々に苦労をかけているというわけである。この点に関して、フランスは欧米の非英語圏では典型であり、他の英語圏の国々もアメリカよりはアフターマーケットの格差を是正しようとしている。

たとえば、アメリカは、六五歳以下の格差是正のためにＧＤＰの三パーセント以下しか費やしていない。カナダと同程度にするためには、さらにＧＤＰの二・五パーセントを追加投入する必要がある。ヨーロッパ諸国とほとんど同程度にするためには、ＧＤＰのさらに四パーセントを、スカンジナビア諸国とではさらに追加九パーセントが必要となる。また、アメリカの政策は非老齢者の貧困を二八パーセント減らしているが、それに対しカナダは五四パーセント、イギリスは六一パーセント、スウェーデンは七八パーセントである。これらの数字は実際アメリカと他の国々の差を控えめに捉えたものである。なぜならこれらの数字は、アメリカ全国民のための医療保険がないという、この国固有の失策を考慮に入れていないからだ。

アメリカにとって国民皆医療保険による方策以外、格差を是正する「簡単」な方法は、富裕層に対しより多く課税し、恵まれない者たちをいろいろな公的援助によってこれまで以上に救援することである。是正のための追加支出は、すでに存在するプログラムの拡充に使われるだろう。たとえば、勤労所得控除の拡充、より寛大な低所得者用食料クーポン、住居支援の拡充などである。また、子育て支援や保育サービスなども含まれるだろう。後にこの章で、追加的な税収をどこから得ることができるのかについて議論する。

とはいえ、税金の引き上げや福祉の拡充は、人々の労働意欲や創造性を削ぐのではないだろうか。フランスの一人当たりのGDP（国内総生産）は、アメリカのそれの七四パーセントでしかない。それはフランスと同じ方向に進むことに反対する決定的な理由にはならないだろうか。まあ、社会保障が充実しているフランスや他の国々は、深刻な経済問題を抱えている。しかし、それらの問題は、一般のアメリカ人が考えるほど単純ではなく、寛大な社会保障プログラムと直結しているわけでもない。

フランスの一人当たりのGDPはたしかに、アメリカよりも低い。それはアメリカよりも就労人口が少ないことに起因するところが大きい。実際にはフランスの「労働者一人当たり」のGDPは、アメリカよりも一〇パーセント低いだけである。そしてその労働者一人当たりのGDPの差は、フランス人労働者の休暇日数のほうが多いことに由来している。毎年平均してフランスの労働者は、アメリカの労働者と比べて、八六パーセントの時間数しか働いていない。また、一時間当たりの労働生産性はフランスのほうが、アメリカよりもやや高いようである。

重要なのは、フランスとアメリカの違いのうち、どの側面が問題であり、そしてどの側面がよりよい選択なのかという点である。フランス人のほうが一人当たりの就労時間が少ないというのは、後者であるようだ。アメリカでは休暇は非常に短く、多くの労働者はまったく休暇なしで働いている。基本的にフランスでは、収入を多く得るよりも、法律によって定められ、また組合との話合いで決められた休暇を楽しむことを選択している。それにこの選択のほうが、実際人々を幸せにするというデータもある。最近のヨーロッパとアメリカの就労時間の差に関する調査が示しているように、人々はより短い就労時間を望んでいて、「人生の満足度」に関する国際比較は、収入が減少しても就労時間を短くすることは人生の質を向上させることを示している。しかしながら、個人が自らの希望により収入を減らし、自由時間をより多く取ることは非常に難しいだろう。この点をフランスでは、規則や法律によって解決していることは実際、歓迎すべきことである。ＧＤＰを減少させるかもしれないが、雇用主が労働者に休暇を与えることを定めているのである。

アメリカ人よりも就労時間が短いということに加えて、フランス人はまったく働かない期間が長い。より正確に言うなら、フランスは若者や高齢者は雇用されていないことが多い。フランスでは、二五歳から五四歳までの働き盛りの成人の約八〇パーセントは雇用されていて、それはほとんどアメリカと同数である。だが、一五歳から二四歳までのフランス人では二五パーセントしか職に就いていないが、アメリカでは五四パーセントである。また、フランスの五五歳から六四歳までの雇用はたった四一パーセントで、それに対しアメリカでは六二パーセントである。ここで問われるべきは、これらの低い就労率は問題であると捉えられるべきであるかということだ。

フランスにおける若年層の低い就業率は、考えられているよりも問題ではないといえる。それは雇用主が従業員を簡単に解雇できない規則があり、元来、人を雇用したがらないためだといえる。とはいえ、綿密に調査してみると、フランスの若年層の就労率が低いことの他の理由のほうが、より重要であることがわかる。フランス人は、アメリカ人よりも長い期間、学校に留まる傾向が強いのだ。一五歳から一九歳までのフランス人の九二パーセントは学校で勉強していて、二〇歳から二四歳まででは四五パーセントがそうである。それに対し、アメリカではそれぞれ八四パーセントと、三五パーセントである。そして勉学と同時に職を持っているフランス人は約一〇パーセントで、アメリカでは約二〇パーセントである。どうやらフランスでは無償教育と公的資金援助が重なることで、低所得世帯の若人は勉学に勤しんでいるが、アメリカでは退学するか、働きながら卒業するしかないようだ。これはフランスのシステムの短所というよりは、長所であろう。

一度、働き盛りの年齢に達すると、すでに指摘したように、フランス人はアメリカ人同様、職に就くようになる。アメリカのニュース報道で伝えられている、フランスの労働者たちは怠けているといったイメージとはまったく異なる事実である。フランスで一つの大きな問題だといえるのは——念のために言うが、非常に重要な問題なのだが——老齢者の就労率と労働力参加率が低いことである。これは政策の大きな誤りの反映であり、ことに四半世紀前、労働者が年金を受け取れる年齢を六〇歳に定めたことである。これは早期の定年退職を促し、納税者に大きな負担を強いることになった。

つまり、フランス人も間違いを犯すというわけである。だからといって、「フランスは年金政策の運営を誤った」ことと、「フランス経済は、肥大化した福祉国家政策のためにダメになった」こととは、まったく異なる指摘である。フランスの例を用いて、貧困層と不運な人々を援助することに反対するのは、大きな誤解を招くおそれがある議論だ。

格差是正のための数学

たとえば、アメリカは、税金や給付金などの制度を用いて格差是正に力を入れている他の先進諸国のような国になるべきだという合意が成立したとしよう。その場合、アメリカは何を実施しなければならないのだろうか。

まずは一九八〇年以降、「保守派ムーブメント」が通してきた富裕層に対する多くの減税を廃止することが必要である。表9は、アメリカ人の最高位一パーセントに大きな影響を及ぼすが、他の層にはほとんど関係がない三つの税率の変化を示している。一九七九年から二〇〇六年の間に、勤労所得の最高税率は半減され、キャピタルゲインの税率もほぼ半減、そして法人税率も二五パーセント以上も減少している。つまり、以前よりも高額所得者に対する税率は少なくなっているのだ。したがって富裕層に対する税率を過去の水準にまで引き上げれば、格差是正に必要な社会のセイフティーネットを強化するための資金の一部を、そのほんの一部でしかないだろうが、捻出することができるというわけである。

**表9　三つの最高税率（パーセント）**

| | 勤労所得の最高税率 | 長期キャピタルゲインの最高税率 | 最高法人税率 |
|---|---|---|---|
| 一九七九年 | 七〇 | 二八 | 四八 |
| 二〇〇六年 | 三五 | 一五 | 三五 |

　そのような税制度に戻す第一段階は、高額所得者のためのブッシュ減税を予定どおり二〇一〇年末に期限切れにさせることである。それだけでもかなりの税収を確保できるはずだ。党派と関係がないアーバン・ブルッキングス総合税政センターは、所得が二〇万ドル以上の高所得者を対象にしたブッシュ減税を期限切れにさせるだけでも、二〇一二年から約一四〇〇億ドルの税収が見込めるとしている。これは国民皆医療保険を実施するのに必要な補助金としては十分な額である。医療保険改革を融資することを目的としたこのような減税の割戻しは、格差を相当是正することにつながるであろう。それは長者の所得をある程度減らすだけでほぼ実現可能なのである。税政センターは、年二〇万ドル以上を稼ぐアメリカ人を対象としたブッシュ減税を期限切れにす

ることで、減税が恒久化されたときと比較して、最も裕福な一パーセントの人々の税引き後の所得を、約四・五パーセント減少させるだろうと見込んでいる。そのことによって低・中間所得者は医療保険を得ることができる。それは中産階級の暮らしの維持に不可欠なのである。

政治的に比較的実施容易な他の方策は、アメリカのシステムに明らかに存在する法律の抜け道を塞ぐことだ。これらはすでに指摘したような金融界のしたたかな連中、たとえばヘッジファンドの経営者たちが収益をキャピタルゲインとして申告し、三五パーセントでなく一五パーセントしか納税していないことを見逃していることである。他の法律の抜け道は、企業、ことに製薬会社が、収益を税率の低い海外の関連企業に移転していることであり、このことで政府は何十億ドルもの損失を被っている。最近の調査では、多国籍企業による税金逃れは、年間約五〇〇億ドルに上ると推定されている。

ブッシュ減税の割戻しや、法律の抜け道を塞ぐこと以外の方策は、政治的にかなり困難である。とはいえ、政治的に実現不可能だと思われてきたことが、素早く変化するということもあり得る。二〇〇四年の末、ニューディールの柱である社会保障制度は民営化され、事実上、消滅するだろうと思われていたほどだった。現在、社会保障制度の存続は確保されていて、国民皆医療保険の実現は手の届く範囲にあるように見える。もし国民皆医療保険を創設することができ、政府は社会の善のために働く勢力であるというニューディールの精神を取り戻すことができたなら、現在、交渉のテーブルの上にないと思われる事柄でさえも、それほど非現実的ではなくなるはずだ。

歴史的・国際的な理由の双方から考慮して、ブッシュ減税の割戻しにとどまらず、高額所得者への課税率も引き上げるべきである。ブッシュ減税が実施される以前から、アメリカの最高課税率の水準は過去と比較しても低かった。クリントン政権時代の最高税率は、たった三九・六パーセント。それに対し七〇年代には七〇パーセント、そして一九八一年のレーガン減税の「後」でも五〇パーセントであった。

アメリカの最高税率は、ヨーロッパ諸国と比較しても低い。たとえば、イギリスの最高税率は四〇パーセントであり、クリントン政権時代当時とほぼ同水準に見えるだろうが、イギリスでは雇用主が社会保険税を支払っている。これはアメリカにおける連邦保険寄与法に匹敵するものであるが、イギリスではすべての給与に適用されている。その結果、イギリスでは非常に高い給与を得ている者に対する税率は、約四八パーセントに達している。フランスでは、実際の最高税率はもっと高く設定されている。また、イギリスではキャピタルゲインは一般収入として課税されているため、高額所得者のキャピタルゲイン課税は実際、アメリカの一五パーセントに対し約四〇パーセントである。アメリカでもキャピタルゲインを一般収入として課税するなら、税収は相当額増大するであろうし、ヘッジファンドの抜け道のような税金逃れを防ぐこともできる。

それだけではない。ニューディール創設時から一九七〇年代まで、「スーパー」税率を高額所得者に対して適応することは、いわば当然であり、適切なことでもあった。七〇年代、七〇パーセントの最高税率の枠に当てはまった個人は非常に限られていたし、ましてやアイゼンハワー時代の九〇パーセント以上の最高税率となるというまでもなかった。高額所得に対し付加税を課したとしても、政府の税収がそれほど増えるわけではないので、金持ちを罰する以外何の目的にもならないと議論されてきた。だが、それは今となっては事実ではない。現在、アメリカの人口のわずか〇・一パーセントに当たる、最低でも約一三〇万ドル、平均で約三五〇万ドルの所得のあるトップ富裕層の所得の合計は、全国民収入の七パーセントを占め、一九七九年の二・二パーセントと比べて割合が高くなっている。その収入に対する付加税は、税収をかなり大きく増大させるだろうし、それは多くの人を助けるのに当てることができる。要するに、ブッシュ減税の割戻しや国民皆保険を設立した後の次のステップは、アメリカで累進課税を復活させ、それで得た税収を低・中間層世帯を援助する手当や給付金に使うよう広く努力することである。

しかし、現実的にはこれだけでは他の先進諸国と比肩できるような社会保障を拠出するには不十分である。どちらかというと限定的なカナダの水準にも達しないだろう。高額所得者の税金を引き上げるだけでなく、他の先進諸国は社会保障費と付加価値税、ないしは全国的な売上税を上げることで中産階級の税金をも引き上げている。社会保障税と付加価値税は、累進型税ではないが、格差是正の効果は間接的であるものの、広範囲に行きわたる。それは手当や給付金などの財源となり、それらは低所得者の収入を考慮すると、非常に価値の高いものである。

強固なセイフティーネットをつくるためにいくぶん高い税金を払わなければならないと一般国民を説得することは、反増税や反政府のプロパガンダが数十年間続いてきたことを考えると、政治課題として容易なことではないはずだ。医療保険以外にも、アメリカにGDPの二、三パーセントを社会保障関連に費やしてほしいが、それはリベラル派が政府主導で国民の生活を向上させ、より安定したものにしたというしっかりとした実績を残すまで待たなければならないだろう。医療保険改革はそれ自体重要であるが、他にも重要な波及効果があるのは、まさにこの点においてである。それはつまり、進歩派の広範な重要政治課題を推し進めるのに役立つということだ。だからこそ「保守派ムーブメント」は、医療保険改革の成功を是が非でも食い止めようとしているのである。

マーケットの格差を是正する

アフターマーケット政策は、格差の是正に大いに役立つだろう。しかし、それだけに注目してはならない。「大圧縮」とは、労働市場における収入格差を大きく是正することでもあった。これはある意味、第二次大戦中の賃金規制によって成し遂げられた部分が大きいのだが、かといって戦争を繰り返すわけにはいかない。しかし、段階的にできることはある。

第一のステップは、すでに実施されている。二〇〇七年、議会はこの一〇年で初めて最低賃金を引き上げている。一九五〇年代と六〇年代、最低賃金の平均は平均賃金の約半分であった。ところが二〇〇六年になると、インフレによって最低賃金の購買力があまりにも低下したため、実質賃金ベースで一九五五年以来の最低額となり、平均賃金のたった三一パーセントでしかなかった。新たに議会で民主党が過半数を獲得したおかげで、最低賃金は現在の一時間当たり五・一五ドルから、二〇〇九年までに七・二五ドルに引き上げられることになった。これだけで最低賃金の低下をすべて抑えられないが、これは重要な最初のステップである。

最低賃金の引き上げに対し、矛盾しているがよく耳にするありふれた反対意見が二つある。一方は、最低賃金の上昇は失業を増大させ、雇用を減少させてしまうという議論である。他方は、最低賃金を上げることは、賃金の上昇にはたいした効果がない、ないしはまったくないという議論である。だが、これまでのデータは、最低賃金の上昇は賃金に対し少なからず積極的な効果があることを示している。

雇用減少についていいえば、アメリカを代表する労働経済学者であるカリフォルニア大学バークレー校のデイヴィッド・カードと、プリンストン大学のアラン・クルーガーの古典的な調査によると、これまでのアメリカにおける最低賃金の上昇が、失業に繋がったという事例はないという。彼らの調査は、経済学のテキストや多くの人々にとってイデオロギー的に受け入れ難いものであったため猛烈な反発を食らった。とはいえ、そのような攻撃にもかかわらず、その調査結果を裏付ける事例が次々と報告されている。たとえば、ワシントン州は、隣のアイダホ州よりも最低賃金がほぼ三ドル高いが、両州の州境付近ではアイダホ側よりもワシントン側のほうが、雇用が多いという。ニューヨーク・タイムズ紙によると、「ワシントン州の零細企業は、期待をはるかに超えて繁盛している。……アイダホのティーンエイジャーが州を越えて、ワシントンのファストフード・レストランに働きに来るのである」

すべての経験的なデータが示すところによると、最低賃金の引き上げは、「それがたぶん起こるだろう範囲であるなら」、多くの職の損失には繋がらないという。事実、最低賃金の上昇が、たとえば、一時間当たり一五ドルであるなら、多くの産業での雇用コストが上昇するため職の喪失に結びつくだろうが、そもそもそのような額は交渉のテーブルの上にあるわけではないし、誰も口にしてさえいない。

反面、最低賃金の引き上げは、低所得者層の収入に大きな効果をもたらす。経済政策インスティテュートによると、アメリカで最も賃金が安い一〇パーセントにあたる約一三〇〇万人の労働者は、最低賃金の引き上げの恩恵を受けるという。その中の五六〇万人は現在、新しく引き上げられる最低賃金よりも低い額しか支払われていないため、直接的な恩恵を受けるだろう。その他は、新しい最低賃金よりも多くを稼いでいる労働者であるが、引き上げられる最低賃金の波及効果を享受するはずだ。

だが、最低賃金はほとんどの場合、低賃金労働者にしか関係しない。広範囲に労働市場の格差を是正しようとするなら、その上に位置する労働者の収入をどうにかしなければならない。そのための最も重要な方策は、三〇年間におよぶ労働組合に対する政府の締め付け政策を終わらせることである。

第8章で私が議論したように、アメリカにおける労働組合の劇的な衰退は、しばしば主張されているような、グローバリゼーションと競争激化による不可避な結果ではないのである。国際比較が示すように、他の国々も同じような国際競争に直面してきたわけで、アメリカの労働組合の衰退は特殊なものであったといえる。一九六〇年、給与ないし賃金労働者の組合組織率は、カナダで三二パーセント、アメリカで三〇パーセントと、両国とも基本的に同程度であった。それが一九九九年になると、アメリカの組合組織率は一三パーセントにまで落ちたが、カナダでは変化は見られなかった。すでに議論したように、アメリカにおける組合の衰退は、マーケットの勢いによるものではなく、「保守派ムーブメント」がつくり上げた政治環境によるものであった。そのことによって雇用主は組合を潰すことができ、組合の活動家を支持する労働者を罰することができるようになった。そのような政治環境の変化がなければ、今日アメリカのサービス産業、特にウォルマートのような巨大小売店では、労働組合の組織化が行なわれていたはずだ。

新たな政治環境は、労働組合運動を再活性化することができるだろうし、またそれは進歩派の重要な政策目標とならなくてはならない。特定の法律、たとえば「被雇用者自由選択法」は、雇用主が労働者に組合に加入させないようにすることを阻止する法律だが、それだけでは不十分である。すでに法律化されている労働法を実施することも重要である。現行の法律の下でさえ、アメリカの組合活動を大いに弱体化に追い込んだ多くの、もしくはそのほとんどの反労働組合活動は違法である。だが、雇用主は、うまく言い逃れられるだろうと判断したのであり、その判断は正しかったと言わざるを得ない。

新たに再活性化されたアメリカの労働組合は、どの程度格差を是正することができるだろうか。国際比較が示すところによると、かなりの程度是正できるのではないかと思われる。欧米諸国で最も激しく賃金の格差が広がったのは、イギリスとアメリカであり、両国において組合員の数が劇的に減少している（いまだにイギリスはアメリカよりもはるかに多くの労働者が組合に加入しているが、かつてその割合は五〇パーセント以上であった）。カナダは、その経済がアメリカと密接に結びついているものの、賃金格差はそれほど大幅ではなかった。その大きな要因は、労働組合が強い影響力を維持できたからであろう。

組合は、賃金体系の中間に位置することが多い組合員たちの賃金を上げることができる。また、組合員の賃金を平準化する傾向にある。最も重要な点は、組合が経営者に対抗し、社会一般の労働基準を順守させ、非組合員も含めて激しい賃金の格差を抑制する役割を果たすことだ。また、組合は進歩派の政策に投票するよう組合員を動員することができる。アメリカの労働者の組織化を以前の水準に戻すことで、格差を是正することができるだろうか。それはわからない。しかし、可能かもしれない。それに労働組合の再活性化を促すことは、進歩的な政策の重要な目標であるべきである。

再活性化された労働運動だけが、賃金の極端な格差を是正するわけではないだろう。第8章で指摘したように、第二次大戦後、他のいくつかの要素が極端な高額賃金を抑制するように働いてきた。そのひとつは政治環境の変化である。極端に高い役員報酬は、一般の詮索、議会の公聴会、そして大統領による仲裁すら招いた。だが、それらはすべてレーガン時代に過去のものとなった。

これまでの歴史的な経験からして、新たなる進歩派の過半数は、あまりにも極端に高額な民間企業の給与に疑義を呈すべきである。道義に訴える説得は、過去において効果的であった。これからもそうなりうるかもしれないのである。

## 大圧縮は、また起こるか

一九三〇年代、四〇年代のアメリカで起こった急激な格差の是正、すなわち「大圧縮」は、いわば危機の時代に起こったことである。今日、アメリカは困難に直面しているが、世界戦争や大恐慌の最中にいるわけではない。したがって七〇年前に起こった変化と同じような劇的で急激なものを期待するべきではないだろう。現代における格差の是正は、「圧縮」よりも、「節度」に拠るところが大きいはずだ。

いずれにしろ経済の問題としても、また実践的な政治課題としても、格差を是正し、再度アメリカを中産階級の国にすることは可能なはずである。そしていまこそが、それを始めるときだといえる。

# 第13章　リベラル派の良心

二一世紀初頭のアメリカの逆説といえるものは、自らをリベラル派と呼ぶ者たちは、非常に重要な意味において、保守派であり、一方で自らを保守派だと呼ぶ者たちは、ほとんどの場合極端な急進派であるということだ。リベラル派は私が育ったような中産階級の復活を願っているのに対し、自らを保守派だと呼んでいる者たちは、アメリカを一世紀前のあの「金ぴか時代」に逆戻りさせたいのである。リベラル派は社会保障制度やメディケアのような長年続いてきた制度を擁護しているのに対し、保守派は、それらの制度を民営化、ないしは弱体化させたいのである。リベラル派は民主主義の原則と法律を尊重したいのに対し、保守派は大統領に独裁的な権限を与え、人々を起訴することもなく投獄して拷問するブッシュ政権に喝采を送ってきた。

この逆説を理解する鍵は、本書で私が記述してきた歴史にあるといえる。いささか時期尚早であったものの、一九五二年の時点ですでに、アドレイ・スティーヴンソンは次のように発言している。

時代の不思議な錬金術は、民主党をアメリカの真の保守派政党――アメリカにおける最良のものと、そしてその基礎の上に築かれた強固で安定したすべてのものを守る政党――に変えてしまった。それに対し共和党は、急進的な政党であるかのように振る舞うようになった。われわれの社会の枠組みの中にしっかりと組み込まれた制度を解体しようとする、無謀で敵意に満ちた政党に。

彼が言わんとしたのは、民主党は社会保障制度や、失業保険や、強固な労働運動――すなわち中産階級を生み出し支えてきたニューディールの制度――を守る政党となり、一方で共和党はそれらの制度を解体しようとしているということである。

スティーヴンソンが指摘している共和党の特質は、現実と何年間かのずれがあった。このスティーヴンソンの演説以降、アイゼンハワー派の「現代的」な共和党員がニューディール政策とまだ戦っていた旧守派から党の主導権を奪い、その後約二〇年間、共和党はニューディール政策の成果を受け入れた政治家たちによって主に牽引されてきた。ところが、「保守派ムーブメント」の台頭により、それらの成果に対する攻撃が再開されたのである。過去一五年間の大きな政争の的、たとえばブッシュ大統領による社会保障制度の民営化の試みや、共和党大物政治家のニュート・ギングリッチによるメディケアの締め付けなどは、まさにスティーヴンソンが述べようとしたことである。つまるところ、共和党とは、今日のアメリカ社会の枠組みの中にしっかりと組み込まれた制度を解体しようとする、無謀で敵意に満ちた政党なのである。

それに対抗することは、アメリカの社会の枠組みだけでなく、民主主義を擁護しようとするものであった。ニューディール政策は、中産階級社会を誕生させただけではない。それは働くアメリカ人に本物の政治権力を与え、裕福なエリート支配を終わらせ、アメリカをより民主主義の理想に近づけさせたのである。たしかにニューディール政策は、南部の人種差別主義者たちと便宜上手を結ばなくてはならなかったことは事実である。しかし結局ニューディールの精神《エトス》は、民主党を必然的に公民権と国民の政治権利を擁護する党に変えたのである。一九三五年の社会保障制度法は、必然の流れとして三〇年後の投票権法につながった。換言するなら、リベラリズムとは福祉国家のことだけではない。それは民主主義と法による統治の問題でもあるのだ。そして自らを保守派と呼ぶ者たちは、その反対側に位置している。肌の色や宗教、性的嗜好が異なる人々には自らと同様の権利を与えたくないと思う一部のアメリカ人の偏見を彼らは利用し、それを政治戦略の中心に据えてきたのである。

私が本書ですでに書いたように、「保守派ムーブメント」は、ナショナル・レビュー誌がスペインのフランコ将軍を讃美し、黒人から公民権を奪う南部の白人の権利を擁護した当初から反民主主義的であり、独裁主義に魅せられてきた。その反民主主義的で、独裁的な態度は消え去ることはなかった。今日、リベラル派と保守派が投票権の問題で衝突すると、リベラル派は公民権を与えようとし、保守派はつねに一部の有権者を投票させないようにしようとする。両者が政府の特権について議論する際、リベラル派はつねに法の適正手続きを擁護し、保守派は権力を握っている者は何をしてもかまわないと強く主張する。九・一一事件後、ブッシュ政権は、大統領に対する批判は愛国心がないことの表われだと、実に非アメリカ的な政治的風潮を醸成しようとしてきた。そして少ない例外はあったものの、アメリカの保守派はそれを歓迎してきたのである。

私は、極端な貧困と富を抑制する制度によって支えられた、比較的平等な社会を信じている。私は民主主義、公民権、そして法による統治を信じている。それは私をリベラル派に属させ、そのことを誇りに思っている。

リベラリズムと進歩派ムーブメント

実際の政治に関わっている人々の多くは、これまで私が書いてきた信念を共有しているが、彼らは自らをリベラル派よりは進歩派と呼ばれることを好む。これは「リベラル」という言葉を国民に軽蔑させようという、数十年間にわたる「保守派ムーブメント」によるプロパガンダ攻撃が功を奏した結果といえる。もっともこのプロパガンダは、リベラルな政策への支持を低下させることにはそれほど成功しなかった。世論調査によると、自らをリベラル派と考えているアメリカ人の割合はつねに三〇パーセント以下と、比較的少数である。他方、大多数のアメリカ人は、全アメリカ人を対象とした医療保険など、通常リベラルだと考えられる政策を支持している。

だが、「進歩派」とは、これまで「リベラル派」が意味していたことに対する単なる新しい用語ではない。この両者の本当の違いは、少なくとも私や他の多くの人々の使い方においては、哲学と行動の違いにある。リベラル派とは、不正や格差を抑制する制度を信じる人々のことである。進歩派とは、それらの制度を擁護し拡大しようとする政治組織に、（表だってかどうかはともかく）参加する人々のことである。アメリカは国民皆医療保険を持たなければならないと思えば、自覚していようがいまいがあなたはリベラル派なのである。国民皆医療保険の設立のための運動に参加すれば、あなたは進歩派なのである。

ブッシュ政権時代における重要な政治変化の一つは、進歩派の連合が形成されたことであり、それはある意味――ある意味においてだけだが――「保守派ムーブメント」に似ている。「保守派ムーブメント」のように、進歩派の連立もいくつかの組織の集合体であり、保守派とは異なるが、ある大政党と連携している。多くの民主党員は進歩派であり、ほとんどの進歩派は民主党を支持している。しかし、この運動は政党の枠組みをはるかに超えている。この運動にはとりわけ、組織化された労働運動など古いニューディール連合や、いくつかのシンクタンクや、そして「ネットルーツ」と呼ばれる、ブログや有力な民主党政治家の定期的な寄稿を掲載している「デイリー・コス」などの進歩的なウェブサイトを束ねるバーチャル・コミュニティーを含んでいる。

しかし他の面では、「保守派ムーブメント」と進歩派の運動の間には大きな違いがある。進歩派の運動は、中央集権化の度合いがはるかに小さいのである。右派は、すべての事象の背後に、「ヘッジファンドの帝王」の異名を持つジョージ・ソロスの隠れた手の存在を勘ぐるが、現実には「保守派ムーブメント」の組織化された資金力に比較できるようなものは左派には存在しない。同様に、「保守派ムーブメント」への盲目的な忠誠の誓いや、一枚岩的な見解の押し付けなどは、左派には見られない。

進歩派の組織が、一つのムーブメントに発展するかどうかは、カネではなく、自らをいかに認識するかにかかっている。多かれ少なかれリベラルな信条を持っている多くのアメリカ人は、いまや民主主義の原則の擁護と格差の縮小という目標を共有する、同じムーブメントの一員であると自らを「認識」している。イラク戦争の拡大や社会保障制度の民営化に反対せず、右派に対峙しない民主党員に対し、このムーブメントは非常に強い嫌悪感を抱いている。

クリントン政権時代、このような進歩派のムーブメントは存在しなかった。そのためアメリカは代償を払うことになった。当時を振り返るなら、ビル・クリントンが明確な政治議題を持っていなかったことは明らかである。基本的に彼は何をするべきなのかわかっていなかったのだ。彼が就任した当時、政権のアドバイザーたちは日本との貿易摩擦問題への対応策で頭がいっぱいだったが、それらはたいした意味をなさない、よく考え抜かれた政策とはほど遠いもので、現実的な基盤となるようなものも一切存在しなかった。ヒラリー・クリントンの医療保険改革案が失敗した理由は多くあるが、一番の欠点は大きなムーブメントの目標に応えようとするものではなかったことである。それは孤立の中で立案され、支持する組織連合もない個人的な試みだった。そして一九九四年の中間選挙における共和党の勝利の後、クリントン大統領は取るに足らない政策変更をするだけになっていた。政権運営はうまかったが、クリントンはより大きな政治課題を進めることも、またムーブメントを起こすこともなかった。これはまた繰り返されるかもしれないが、そうなれば進歩派は裏切られたと当然思うに違いない。

## 進歩派の政治課題

リベラル派になるとは、ある意味で保守派になることである――それは大きくいって、中産階級社会への回帰を求めることを意味する。しかし、進歩派であるということは、明らかに前進を求めることを意味する。これは矛盾しているように聞こえるかもしれないが、そうではない。リベラル派の従来の目標を前進させるためには、新しい政策が必要なのだ。

たとえば、メディケアに処方箋薬も含むようにするという一件である。これはメディケア本来の使命を維持してきた保守派の政策であったと言ってよい。メディケアは、つねに多額な医療費をカバーすることを目的としてきた。当初のプログラムに薬が含まれていなかったのは、設立当時、薬代が支出額に占める割合はそう高いものではなかったからだ。多くの老齢者の慢性的な病の治療費が高騰すると、病院での治療費をカバーするというメディケア本来の使命をまっとうすることができなくなった。したがって処方箋薬をこの制度に含むことは、メディケア本来の企図を維持するためには必要なことなのである。

国民皆医療保険については、より容易に同様のことを指摘できる。一九三五年の社会保障法は、退職手当や連邦政府の失業保険を実現させたが、社会保障庁のオフィシャルな庁史によると、そのより大きな目的は、「工業化社会における経済的不安の深刻な問題に応える」ことであった。高騰し続ける医療保険費から家庭を守ることは、その目的に合致している。事実、ルーズヴェルト大統領は医療保険をその法律に含めようと検討していたのだが、政治的な理由で放棄している。国民皆保険を実現させることは、ルーズヴェルト大統領の偉業を完成させることに繋がるのである。

また、社会保険にとっての医療保険は、メディケアにとっての薬である。つまり、以前それは比較的少ない費用で済んでいたが、今日、医療に対する不安こそが、働くアメリカ人にとっての唯一最大の経済的リスクだと言っても過言ではないのである。そしてわれわれの目標は中産階級社会の持続であるから、医療保険を保障することは絶対に不可欠である。雇用主拠出保険は、三〇年前のアメリカ人のほとんどにとっては十分なものであったかもしれないが、今日においては情けないほど不十分である。人口の四〇パーセントが保険未加入、または不適切な保険にしか加入していないために医療費が払えないような社会は、中産階級社会とは呼べないのだ。

進歩派の政治課題を進めるには社会政策の大きな変更が必要だが、それは急進的なものではない。その目標は、避けられるリスクをカバーする社会保険の拡大──ここ数十年でますます重要になっている──を含む、ニューディール政策を完成させることである。経済面から見ても、これは十分に達成可能な課題である。国民を経済的なリスクや個人的な災難から保護するものであるが、他の先進諸国と比べて特別手厚い保護を与えようとしているわけではないのだ。

事実、現在の政治状況を見渡してみても、進歩派の政治課題がいかに見事に練り上げられているか──そしていかに「保守派ムーブメント」が知的に衰退しているか──に驚かずにはいられない。本書の執筆中、民主党の大統領候補は国民皆医療保険の構想や、貧困層への新しい対策や、問題を抱える住宅購入者の救済策など、さまざまな政策を議論している。それに対し、共和党の候補者は、具体的な政策を何ひとつ提示していない──彼らは、誰がもっともロナルド・レーガン的か、そして誰が拷問に一番熱心かを競っているように見える。民主党が進歩派のムーブメントを代表する党になったことで、民主党は政策の党となったといえる。

党派主義者であるということ

進歩派の政治課題は明確であり、達成可能であるが、猛烈な反対に直面するだろう。現代アメリカ政治の中心的な事実は、「保守派ムーブメント」が共和党を掌握しているということであり、このムーブメントの考えるアメリカのあるべき姿は、進歩派とはまったく正反対のものであるということだ。彼らが共和党を掌握している以上、超党派的なコンセンサスによって進歩が可能だという政治に詳しい先生がたお気に入りの主張は、はっきり言ってバカげている。進歩派の国内最優先課題である医療保険改革に関しても、共和党と民主党が超党派的な合意に達することは不可能である。共和党はメディケアを潰したがっているのに対して、民主党は全国民に医療保険を保障したいと考えている。医療保険改革案が実際に議会に提出されれば、「保守派ムーブメント」のリーダーたちは一九九三年にしたことを繰り返すだろう——いかなる方法によってでもその案に反対するよう共和党員に促すはずだ。改革案の成功は、「保守派ムーブメント」の政治課題を弱体化させるからである。そしてほとんどの共和党員は、その指示に従うに違いない。

すなわち、進歩派であるということは、民主党一党に偏るしかないということだ——少なくとも現在のところは。進歩派の政治課題を実現するには、共和党の反対を乗り越えるために民主党が大統領の椅子と議会の多数派の両方を手中に収めるしか方法はないのである。そしてそのような優勢を獲得するには、進歩的な課題への妨害活動に対し政治的な代償を払わせることができるリーダーシップ、アメリカをよりよい社会に改革しようとすることに反対する利益団体の怒りをものともしない、ルーズヴェルトのようなリーダーシップが必要なのだ。

新しい進歩派ムーブメントが成功すれば、党派主義は徐々に不要になっていくことだろう。一九五〇年代には、社会保障制度と労働組合を支持しながらも、人々は良心が痛むことなく共和党のアイゼンハワーに投票することができた。なぜなら共和党は結局（一時的ではあったが）ニューディールの成果を受け入れたからである。

長期的には、そのような政治が復活することを期待できるはずだ――二つの分別ある政党がアメリカにとって何がベストなのかを受け入れ、互いに誠実かつ公正でありながら、すべてのアメリカ国民によりよい生活をもたらす能力を競い合う政治を。

いまのところ、リベラル派として活動するということは進歩派であるということで、進歩派だということは党派主義にならざるを得ない。しかし、その最終目的は一党支配ではない。目的は真に活気に満ちた、互いに競い合う民主主義の復活である。なぜならリベラルであることのすべては、結局のところ民主主義であることだからである。

# 訳者あとがき
# なぜ、いま、黒人大統領候補なのか

## オバマ候補躍進の背景

彗星のごとく現われ、旋風を巻き起こした民主党黒人大統領候補バラック・オバマ。その飛ぶ鳥を落とす勢いは、いったいどこから来たのだろうか。

民主党の本命だと思われていたのはヒラリー・クリントン候補であり、当初、オバマ候補は民主党大統領予備選のダークホース、勝ち目は薄いだろうと見られていた。だが、いざ蓋を開けてみると、クリントン候補は苦戦、台風の目となったのはオバマ候補であり、接戦の末、とうとうクリントン候補を破った。

黒人の大統領候補の誕生――歴史的快挙である。

なぜ、バラック・オバマは新しいムーブメントを巻き起こすことができたのか。

演説が上手いから、若者に人気があるから、「変革《チェンジ》」を唱える教祖的存在だから、ヒラリー・クリントンを嫌いな人が多いから、といった理由が挙げられてきた。だが、はたしてそれだけだろうか。

黒人であるオバマ候補がこれほど躍進できた背景には、アメリカ社会の大きな変化とうねり、そしてアメリカ社会に根深い人種問題が横たわっているのではないだろうか。本書が実にタイムリーで、アメリカの熱い今を理解するのに最高な一冊であるのは、その変化とうねりに光を当て、それを読み解くことができるからである。オバマ候補本人についてはまったく言及されていないが、「なぜ、今、オバマなのか」が理解できる傑出した書だといえる。

クルーグマン教授がまず指摘したいことは、「すべての（問題の）根源は、アメリカの人種差別問題にあるということである。今でも残る奴隷制度の悪しき遺産、それはアメリカの原罪であり、それこそが先進諸国の中でアメリカだけが国民に対して医療保険制度を提供していない理由である。先進諸国の中でその国の大政党が福祉制度を逆行させようとしているのは、アメリカだけであり、その理由とは、黒人解放運動に対する白人の反発があるからなのだ」という。

本書では、白人の人種差別意識がいかにアメリカ政治に暗い影を投げかけているか、またそれがいかに社会・経済格差を生み出してきたかが、驚くべき率直さで書かれている。これまでもブッシュ政権誕生後のアメリカの保守派、いわゆるネオコンサーバティブ（ネオコン）について日本でも多くが語られてきた。しかし、そのネオコンがいかに白人の黒人や移民に対する差別意識を利用してきたかということは、あまり触れられることはなかった。

例を挙げるなら、「保守派ムーブメント」の最初の大統領であったとクルーグマン教授が指摘する、レーガン大統領である。日本でもレーガン大統領といえば、「反共産主義」、「強いアメリカ」、「サプライサイド経済」、「減税」、「小さな政府」といった標語が頭に浮かぶが、レーガン大統領がいかに言葉巧みに白人の人種差別意識に働きかけてきたかは、あまり知られてこなかった。教授が指摘するように、レーガン大統領が福祉の肥大化を攻撃し、福祉を食い物にしている人々を批判しても、彼はその人々の肌の色に言及することはなかった。当然、大統領としてそのような差別的な発言が許されるわけがなかった。だが、その無言のメッセージは、白人の差別意識に訴えることができ、わざわざ肌の色について触れる必要などなかったのである。福祉の恩恵を受けていたのは、貧困に喘いでいる黒人や移民たちであり、その福祉の財源となっていたのは、白人たちが支払っていた血税だったからだ。

つまり、レーガン大統領が福祉削減を声高に訴えたとき、彼は「小さな政府」の必要性を主張しながら、自分たちの稼いだカネを黒人たちが食い物にしていると思い込んでいた白人たちの反発や猜疑心、そしてその根底でうごめいていた人種差別意識を刺激し、人気を博することができたというわけである。

この観点からも、なぜアメリカにはヨーロッパや日本のように、全国民を対象とした医療保険がないのかを理解することができるはずだ。私事で誠に恐縮だが、アメリカで生活していた際、疑問に感じたのはまさにこのことだった。メディケアとメディケイドといった制度はあったものの、どうしてアメリカには国民皆保険がないのかという素朴な疑問である。「自分の体は自分で守るというのが、アメリカ人の発想。だから銃を持つ権利も保証されているのだ」というのが、一般的なアメリカ人の説明であった。また、「アメリカでは病気にならないことが前提だ」という、日本人の常識を超えた意見も耳にした。

だが、本書でクルーグマン教授のいわば本音の説明を読み、目から鱗が落ちる思いだった。アメリカ国民全員に健康保険を与える場合、当然、黒人・ヒスパニック・アジア系などの非白人を含むことになり、それを税金によって一番多く負担することになるのはアメリカの富裕層である。そのほとんどが白人たちだ。一部の白人にとってそれは到底受け入れ難いものなのだという。本書でも書かれているように、実際アメリカでも過去において国民皆保険が実施されそうになったことがあったが、一部の白人たちが黒人と同じ病院を使用することに猛反対したため実現できなかったという。

また、レーガン大統領らの保守派が説く「小さな政府」や「富裕層に対する減税」論を聞いて、なぜこの「レーガノミックス」が支持を集めるのか、長年理解できなかった。巨額の軍事費増加と同時に大規模な減税を敢行すれば、財政赤字と累積債務が膨れ上がることは明らかであった。だが、実際のところ、その支持は経済イデオロギーの枠を超え、国民皆医療保険が設立されない理由とほぼ同根の差別意識に支えられてきた側面が大きかったのである。

顧みるなら、アメリカでは一九六〇年代半ばまで、黒人は法律・制度によってあらゆる差別を受けてきた。学校などの公共施設はもちろんのこと、黒人と白人が同じトイレを使用することも、同じレストランで食べることもできなかった。バスにおいてさえ、黒人が座る席は後ろのほうと決められていた。選挙権はあっても、投票行動はあらゆる手段で阻害され、公民権は剝奪されていた。建前としてアメリカは、「自由と平等、そして民主主義の国」であったが、しかし現実は、黒人は「奴隷の子孫」であり、黒人や有色人種を徹底的に差別することで白人が社会で優位に立ち、発展してきた国であった。

そのような人種差別に対し巻き起こったのが、キング牧師らが中心となって推進された六〇年代の公民権運動・黒人解放運動であった。しかし、クルーグマン教授も指摘しているように、法律・制度的な差別は撤廃されたかもしれないが、それで社会的な差別が消え去ったわけではなかった。逆に「white backlash」と英語で呼ばれる黒人解放運動に対する白人の反発を招いてきた。そしてその差別感情を巧みに利用しながら、政治を操り、政権を奪取してきたのが保守派であり、クルーグマン教授が本書で呼ぶところの「保守派ムーブメント」であったのだ。

だが、そのムーブメントに支えられてきたブッシュ政権は、イラク問題で大失敗し、経済もサブプライム問題でガタガタの状態である。そして今また新しい動きが誕生し、時代の大きな節目を迎えようとしている。それがバラック・オバマ候補出現の必然であろう。つまり、保守的な方向に大きく寄ったアメリカ社会をまた大きくリベラルな方向に揺り戻す動きだといえる。差別と格差が激しくなればなるほど、それに対抗しようとする勢力が登場するのもアメリカなのである。

クルーグマン教授いわく、「『保守派ムーブメント』の成功にとって不可欠であった黒人解放運動に対する反発を基礎とする政治は、二つの理由でその勢いを失いつつある。それはすなわち、アメリカの白人人口が減少していること、そして多くの（だが、そのすべてではない）白人が人種差別的ではなくなってきていることである」という。つまり、アメリカの有権者における白人の数が減少していて、若い世代にとって肌の色はもうそれほど問題ではなくなってきていることが、オバマ候補の出現を促してきたといえるのである。

### 権力に迎合しないエコノミスト

以上のような論点は、なにも黒人活動家や左翼思想家の論理ではない。ニューヨークタイムズのレギュラーコラムニストで、プリンストン大学の教授、ノーベル経済学賞に最も近い経済学者の一人と言われるポール・クルーグマン教授の論である。異端の主張ではない。

これほど単刀直入に語ることのできる論客はアメリカでも少ないだろう。それがまさにクルーグマン教授の真骨頂だといえる。風見鶏的に自分の意見を平気で変えるどこかのエコノミストとは異なり、それがいかに口当たりが悪かろうが、常に自らの信念に基づいて真実を語ろうとしてきたのが教授の一貫した姿勢である。保守派からいかなる圧力がかかろうが、権力に迎合することなく、その主張を曲げることはなかった。

思えば教授が大きく注目されたのは、アジア経済が飛ぶ鳥を落とす勢いであったまさにその瞬間、その経済の危うさを指摘し、アジアの金融危機を予測したことであった。日本経済についても、バブル崩壊後の経済状態を診断し、金利をいくら下げても景気が回復しないのは、日本経済が「流動性の罠」という状態に陥っているからだと鋭く指摘した。その処方箋として教授は、日本銀行が英国の中央銀行のようにインフレターゲットを設けるべきだと「調整インフレ論」を提言した。当時、それは大きな議論を巻き起こし、日銀だけでなく、他の日本のエコノミストからも批判を浴びることとなった。

それだけではない。九・一一事件直後も教授の筆はぶれることなく、一貫して反ブッシュの立場を貫いてきた。本書からも明白であろうが、クルーグマン教授は民主党支持者であり、ブッシュ政権、そしてネオコンや「保守派ムーブメント」批判の急先鋒である。あまりにもリベラル・民主党寄りの論調だと思われる読者もいるかもしれないが、教授の主張は保守派の対極に位置する論理であり、オバマ候補を中心とするアメリカのリベラル・進歩派の政治信条の一端を象徴しているといえる。そしてそれが今、アメリカを突き動かしているのである。

クルーグマン教授が本書を脱稿したのは、二〇〇七年の夏であり、「オバマ旋風」が起こるはるか前である。いかに教授が予見した事態が起こったかはここで詳論する必要はないだろう。最後の一三章でクルーグマン教授が「リベラル派」と「進歩派」をはっきりと区別して記述しているが、これは「リベラル派」＝ヒラリー・クリントン、「進歩派」＝バラック・オバマと重ねて読むこともでき、最後に述べられている進歩派ムーブメントがまさにオバマ候補の勢いではないだろうか。

また、これは私見であるが、オバマ候補がクリントン候補に勝ったのは必然ではなかったろうか。キング牧師が生前、アメリカで最も厳しく、残酷な時間は日曜日の朝だと発言していたことがある。なぜなら白人と黒人が別々の教会に行き、互いが席を同じくしないからである。キング牧師がこの世を去ってから四〇年、今日でも白人と黒人が同化した教会は、アメリカ全国でまだ一〇パーセント未満だという。

それに対し女性の社会進出は、たぶん六〇年代に吹き荒れたあらゆる「解放運動」の中で最も成功したものであろう。六〇年代女性記者は、アメリカでもほんの一握りでしかなかったが、今ではその三分の一が女性である。女性の社会進出はまったく男性と同権ではないだろうが、相当の勢いで進んできたといえる。つまり、今、アメリカが直面している格差と分断の深刻さを考えるなら、いま必要とされているのは女性初の大統領ではなく、黒人初の大統領ではないだろうか。そのことを最もよく知っているのはまさにアメリカ国民であり、民主党の大統領候補指名選挙の結果が、そのことを何よりも雄弁に物語っているだろう。

## グローバリゼーションが格差の要因ではない

本書においてクルーグマン教授が強調しているのは、経済格差はつくられたものであるという点だ。すなわち、アメリカにおいて極端に貧富の差が広がったのは、経済のグローバリゼーションや技術革新などの市場や経済の趨勢のためでなく、政策によるものだということである。

これは日本でも言われてきたことで、ベルリンの壁が崩壊し、共産主義が瓦解すると経済のグローバル化が一気に加速し、中国どころか、世界中から安いものが日本に流れ込んできた。日本企業の競争力は著しく低下し、勝ち組と負け組が生まれ、そのために貧富の差が生じたという議論である。私たちはこの議論を何度耳にしてきたことであろうか。繰り返し聞かされたため、それを自ら検証することなく、あたかもそれが経済格差の主な原因であるかのように思い込んできた。だが、果たしてそうであろうか。豊かな者がますます豊かになり、貧しい者がますます貧しくなるのは、経済のグローバリゼーションと、世界規模で起こっている技術革新のためであろうか。

アメリカほど極端ではないとしても、日本でも経済格差は拡大しつつあり、それはすでに経済だけでなく、社会問題化している。アメリカ同様、日本も戦後の経済復興によって中流社会を形成してきた。ある意味でそれはアメリカ以上の大衆社会であり、国民の約九割が自らを中流だと考えていたほどだった。それがバブル崩壊から約一五年の間で大きく崩れた。

クルーグマン教授が本書で声高に主張しているのは、アメリカの経済格差は是正されるべきだという点である。それは何も人種差別撤廃といった社会正義だけのためではない。アメリカが最も繁栄したのは政策的に中流社会を生み出したときだった。したがって、アメリカの経済・社会の発展のためには、再度政治的に貧富の差を是正しなければならないということである。

この点は日本にも当てはまるのではないだろうか。日本はいま、通称「いざなみ景気」と呼ばれる二〇〇二年ごろから始まり、現在も景気拡大の最中にいることになっている。この景気拡大は、六五年から七〇年にかけておよそ五年間続いた「いざなぎ景気」を上回る記録的な好景気であると言われているが、豊かさを感じることが難しいというのが国民の実感ではないだろうか。すでに日本の労働人口の約三分の一が非正社員であり、一部の者に好景気の恩恵が集中し、所得格差が広がりつつある。働いても働いても貧困から抜け出せない「ワーキングプア」層が拡大しつつあるのが現状だ。やはりさらなる経済発展を推し進めるためには、まず経済格差を是正することが必須であり、それを政府の政策として実施していくことが重要なポイントであろう。

本書でクルーグマン教授が、国民皆医療制度の実施を幾度となく説いているのも、巨額な医療費のために貧困に叩き落とされるアメリカ人が多く、その救済のためにはその実施が急務だからである。マイケル・ムーア監督の『シッコ』という映画を観て、アメリカの医療がいかなる状況に置かれているか知り、唖然とされた方々も多いはずだ。

アメリカは今、大きく変わりつつある。日本は非常に親米的な国だが、その現実を知る友人として付き合うのか、それともただ盲従するのかで、日本の運命は大きく変わるはずだ。冷静に、そして出来るだけ客観的に、アメリカの大きなうねりを理解する一助となればというのが、本書の刊行の願いである。

なお、英語版の原書では米国社会の法律・制度、政治事情、風俗などについてさらに詳細な記述があるが、日本語版においては日本人に馴染みの薄い部分は割愛した。

本書の出版を可能にして下さった早川書房の編集部、そして編集の労を取って下さった小都一郎氏に感謝を申し述べたい。

三上義一

http://homepage3.nifty.com/ymikami/

格差《かくさ》はつくられた
保守派がアメリカを支配し続けるための呆れた戦略

2008年6月25日　初版発行
2008年10月25日　3版発行

＊

著　者　ポール・クルーグマン
訳　者　三上義一《みかみよしかず》
発行者　早川　浩

＊

印刷所　株式会社亨有堂印刷所
製本所　大口製本印刷株式会社

＊

発行所　株式会社　早川書房
東京都千代田区神田多町2－2
電話　03-3252-3111（大代表）
振替　00160-3-47799
http://www.hayakawa-online.co.jp
定価はカバーに表示してあります
ISBN978-4-15-208931-1　C0033
Printed and bound in Japan